"萌芽成长"系列

小萌芽·慧生长

重庆市江津区东城幼儿园项目活动案例集

刘振敏 ◎ 著

黄河出版传媒集团
阳光出版社

图书在版编目（CIP）数据

小萌芽·慧生长：重庆市江津区东城幼儿园项目活
动案例集 / 刘振敏著 . -- 银川：阳光出版社，2024.
9. -- ISBN 978-7-5525-7499-9

Ⅰ . G613.7-53

中国国家版本馆 CIP 数据核字第 2024M2V660 号

小萌芽 · 慧生长 —— 重庆市江津区东城幼儿园项目活动案例集　　刘振敏　著

选题策划　薪火创客
责任编辑　贾莉
封面设计　童立方
责任印制　岳建宁

黄河出版传媒集团
阳 光 出 版 社　出版发行

出 版 人　薛文斌
地　　址　宁夏银川市北京东路139号出版大厦（750001）
网　　址　http://www.ygchbs.com
网上书店　http://shop129132959.taobao.com
电子信箱　yangguangchubanshe@163.com
邮购电话　0951-5014139
经　　销　全国新华书店
印刷装订　北京中汇数字印刷有限公司
印刷委托书号　（宁）0030600

开　　本　787mm×1092mm　1/16
印　　张　14
字　　数　250千字
版　　次　2024年9月第1版
印　　次　2024年9月第1次印刷
书　　号　ISBN 978-7-5525-7499-9
定　　价　69.00元

前言

在幼儿教育的广阔天地中，江津区东城幼儿园以其独特的教育理念和丰富的实践活动，为孩子们的成长提供了一片沃土。《小萌芽·慧生长——重庆市江津区东城幼儿园项目活动案例集》作为"萌芽成长"系列图书的重要组成部分，不仅记录了孩子们在项目式学习和场景式学习中的探索与发现，更展现了他们在劳动实践中激发智慧发育的过程。

"萌动"一词，源自《礼记》，象征着生命成长的起始与活力。在教育领域，这一词语被赋予了新的内涵，强调教育应以儿童的自然生命为起点，充分发挥他们的主体性，通过多样化的教育方式，培养出健康、灵动的新一代。本书正是在这样的理念指导下，通过一系列精心设计的项目活动，引导孩子们在劳动中认识世界，触发他们的好奇心、探索欲和创造性思维。

本书紧扣教育部《幼儿园教育指导纲要（试行）》，结合江津区的在地文化，通过一系列富有创意的项目活动，如"彩色糖果屋课程""神奇的麦子课程""叶子大揭秘课程"等，让孩子们在亲身体验和动手操作中，感受劳动的乐趣，理解劳动的价值，从而在劳动中促进心理和生理的健康发展。《中国教育现代化2035》中提出的推进教育现代化的总体目标，也在本书的编纂中得到了体现。幼儿园通过不断地教育创新和实践，为孩子们提供了多元化的学习体验，旨在培养能够适应未来社会发展的新一代儿童。

在国家强调劳动教育重要性的背景下，江津区东城幼儿园积极响应，将劳动教育融入幼儿的日常活动中。本书通过具体的项目活动案例，展现了江津区东城幼儿园如何将劳动教育融入幼儿的日常学习生活中。孩子们在参与制作米花糖、探索种子生长的过程中，不仅学会了基本的劳动技能，更培养了责任感、合作精神和解决问题的能力。

书中的每一个案例都是对幼儿教育实践的深入探索，也是对国家教育政策的积极响应。江津区东城幼儿园的教师们以专业的教育视角和满腔的热情，为孩子们的成长提供了丰富的教育资源和支持。通过这些生动的案例，我们可以看到，教育不仅仅是知识的传授，更是孩子们生活技能、情感态度和社会责任感的培养。

　　愿本书能够成为您了解幼儿教育、探索儿童成长奥秘的重要参考，也期待它能够激发您对幼儿教育的新认识和新思考。让我们一同见证孩子们在"慧生长"中绽放的无限可能。

专家序

当一缕晨光轻轻洒落，万物在温暖中苏醒，那是大自然的恩泽，也是生命的礼赞。在这充满希望的时刻，我欣然提笔，为《小萌芽·慧生长——重庆市江津区东城幼儿园项目活动案例集》写下这篇序言。

"萌动"，这个源自《礼记》的古老词汇，以其深邃而富有生机的内涵，成为了幼儿教育的美好寓言。当"萌动"与教育相遇，我们见证了幼儿生命成长的动人篇章，也领略了东城幼儿园教育实践的独特魅力。

作为一名研究学前教育领域的高校工作者，我深知幼儿教育的重要性与复杂性。幼儿阶段是个体生命成长的关键时期，它奠定了人一生发展的基础。因此，幼儿不仅需要悉心呵护，更需要科学引导和智慧启迪。在这个充满挑战与机遇的领域里，东城幼儿园以其创新的教育理念和实践，为我们树立了典范。《小萌芽·慧生长——重庆市江津区东城幼儿园项目活动案例集》一书，是对东城幼儿园项目活动教育成果的精彩呈现。它记录了幼儿园在教育实践中的探索与创新，展现了孩子们在项目式学习和场景式学习中的快乐与成长。这些案例不仅生动具体、充满趣味，而且深刻反映了幼儿教育的本质和规律。

项目式学习，作为一种以幼儿为中心、以问题为导向的教育方式，在东城幼儿园得到了广泛应用和深入实践。在这种学习方式中，孩子们不再是被动的接受者，而是积极的参与者、探索者和创造者。他们通过亲手操作、亲身体验、亲自解决问题，不仅获得了知识和技能，更培养了解决问题的能力、合作精神和创新意识。这种学习方式充分尊重了幼儿的天性和主体地位，让他们在快乐中学习，在学习中成长。

场景式学习则是东城幼儿园的另一大教育特色。它通过创设丰富多样的生活场景和学习情境，将知识与技能融入其中，让幼儿在真实的环境中感知、体验和学习。这种学习方式不仅增强了学习的趣味性和实效性，更有助于幼儿将所学知识与实际生活相联系，提高他们的实践能力和社会适应能力。

在阅读这本书的过程中，我深感震撼与感动。震撼于东城幼儿园教育者的智慧与创意，他们用一双双巧手引领孩子们走进劳动的世界，用一份份耐心教会孩子们感受劳动的价值。他们通过精心设计的项目活动和场景设置，为孩子们营造了一个充满爱与智慧的成长乐园。感动于孩子们在活动中的快乐与成长，他们用自己的方式探索世界、认识自我、表达情感，他们的每一次尝试、每一次进步都让人欢欣鼓舞。更为重要的是，这本书让我们看到了幼儿教育的无限可能与希望。它让我们认识到，每一个孩子都是独一无二的个体，他们有着自己的兴趣、爱好和天赋。只要我们用心去观察、去理解、去引导，就能发现他们的闪光点，就能激发他们的潜能和创造力。而项目式学习和场景式学习正是实现这一目标的有效途径。

当然，东城幼儿园的教育实践只是众多优秀幼儿教育案例中的冰山一角。在广袤的幼儿教育大地上，还有无数辛勤耕耘的教育者和可爱的孩子们在共同书写着幼儿教育的壮丽篇章。因此，我衷心希望广大教育工作者能够相互学习、相互借鉴、相互激励，共同为幼儿教育的发展贡献智慧和力量。

最后，我要向东城幼儿园的全体教职员工表示崇高的敬意和衷心的感谢！是你们用爱心和智慧点亮了孩子们的童年时光，是你们用辛勤和汗水浇灌了幼儿教育的沃土！愿你们继续携手前行，在幼儿教育的道路上创造更加辉煌的成就！同时，我也要对《小萌芽·慧生长——重庆市江津区东城幼儿园项目活动案例集》一书的出版表示热烈的祝贺！相信这本书的出版将会对幼儿教育产生积极的影响和推动作用。愿更多的读者能够从中汲取智慧和灵感，为幼儿教育的发展贡献自己的力量！

吕晓

园长序

亲爱的家长、教育同人以及所有关心幼儿成长的读者们：

在这个充满希望的时刻，我有幸向大家介绍我们重庆市江津区东城幼儿园精心创作的《小萌芽·慧生长——重庆市江津区东城幼儿园项目活动案例集》。作为这个温馨大家庭的园长，我感到无比自豪能够与您分享我们在幼儿教育旅程中的宝贵经验和深刻见解。

"萌动"一词，自古便承载着生命勃发的美好寓意。在教育的沃土上，我们将其引申为对幼儿成长初期特征的珍视，以及对教育本质的深刻理解。我们坚信，教育应从儿童的天性和需求出发，通过富有创意和活力的教育方式，培育出健康、快乐、充满智慧的新一代。

在东城幼儿园，我们致力于营造一个充满爱与自由的环境，让孩子们在探索和实践中认识这个多彩的世界。我们通过项目式学习和场景式体验，引导孩子们在劳动中学习，在实践中思考，在创造中成长。我们相信，这样的教育能够激发孩子们的好奇心和探索欲，培养他们的创新意识和问题解决能力。

这本书是我们对幼儿教育实践的一次真诚记录，也是我们对孩子们未来的美好祝愿。每一个活动案例都是我们与孩子们共同成长的印记，每一次教学反思都是我们对教育真谛的不懈追求。

在此，我要向所有支持和参与本书创作的老师们表示最深的敬意和感谢。正是他们的智慧和努力，让这些教育理念得以生动地呈现在读者面前。同时，我也要感谢我们的家长们，是他们的信任和支持，让我们有机会陪伴孩子们一起成长。当然，最应感谢的是我们可爱的孩子们，他们的每一次尝试、每一次发现、每一次笑容，都是我们教育工作最宝贵的财富。

我们深知，幼儿教育是一项长期而复杂的工作，它需要我们不断地学习、探索和创新。我们愿意与所有关心幼儿成长的人们携手合作，共同为孩子们的未来绘制出一幅美好的蓝图。我们坚信，通过我们的共同努力，每个孩子都能在这片充满爱的土地上，绽放出他们最璀璨的光芒。

我诚挚地希望，《小萌芽·慧生长——重庆市江津区东城幼儿园项目活动案例集》能为您带来启发和思考，让我们一起见证孩子们的成长，一起为他们的未来播种希望。

目　录

彩色糖果屋课程

　　新学期第一天，幼儿园为孩子们准备了糖果作为小礼物。晨间接待结束，王老师回到班级，在班级门口捡到了一颗糖果带回教室，引发了孩子们热烈的讨论。

　　"糖果是粉色的。"

　　"这是一颗软糖。"

　　"我吃过糖果，糖果是甜甜的。"

　　……

　　看到孩子们对糖果如此感兴趣，小一班以此为教育契机，带领孩子们走进甜甜的糖果世界，通过探究糖果的形、味、来源、作用等，培养幼儿探究发现的能力，生成"彩色糖果屋"项目活动。

项目意图

　　《幼儿园入学准备教育指导要点》指出，幼儿园应该深入贯彻落实《3~6岁儿童学习与发展指南》，充分尊重幼儿身心发展规律和特点，同时将入学准备教育有机渗透于幼儿园三年保育教育工作的全过程，帮助幼儿做好身心各方面准备，实现从幼儿园到小学的顺利过渡。本活动以小班幼儿为主体，旨在随着项目探究的深入而不断激发小朋友们探究问题的能力，在这个过程中，我们不仅提高孩子们的自理能力，还培养他们的劳动习惯，同时促进他们社会性的发展。

项目目标

　　依据《江津区东城幼儿园园本课程方案》中提到的"培养善表达、巧创意、健体魄、喜探索、好交往的儿童为课程目标"，设置了以下项目目标。

总目标	一级目标	二级目标
善表达	倾听与表达能力	能够在讲述自己了解糖果的过程中，流畅地表达和分享糖果的特征
	阅读能力	在阅读糖果的绘本故事后，能够大体说出故事的主要内容和自己的感受
巧创意	审美情感力	在探究糖果融化现象时能主动探索糖果融化的规律
	审美创造力	能够使用手工材料制作多样的糖果
健体魄	健康行为	知道糖果好吃，但是不能多吃的道理，有初步保护牙齿健康的意识
喜探索	探究精神	主动探索糖果的来源，对制作糖果有浓厚兴趣
	探究能力	学习用比较、观察、实验等方法观察和探索糖果的融化现象
好交往	自我发展	能自己独立完成简单的糖果探究活动
	社会交往	在糖果实验中和同伴合作
	社会适应能力	能够遵守制作糖果美食时的活动要求

项目框架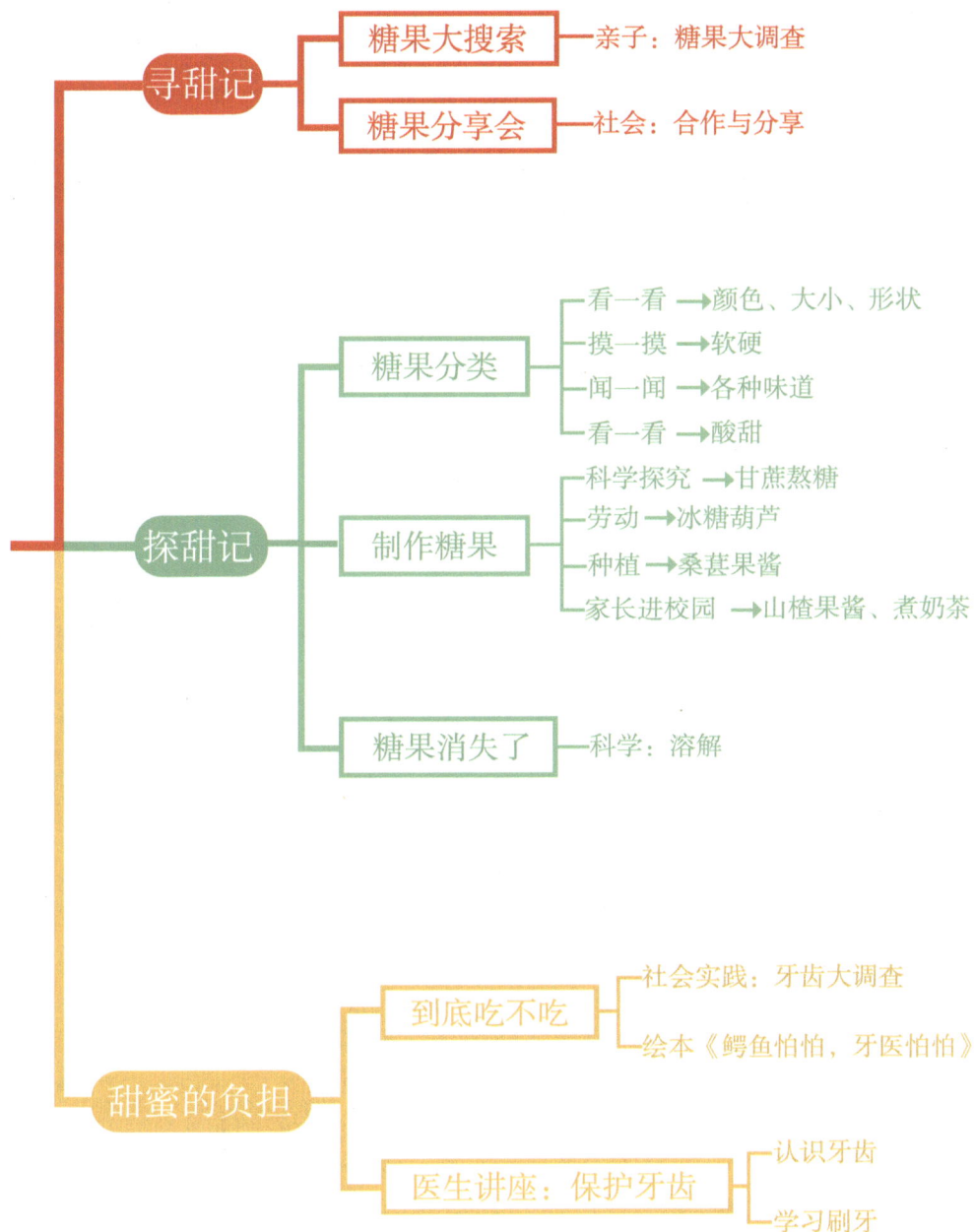

彩色糖果屋

寻甜记
- 糖果大搜索 —— 亲子：糖果大调查
- 糖果分享会 —— 社会：合作与分享

探甜记
- 糖果分类
  - 看一看 → 颜色、大小、形状
  - 摸一摸 → 软硬
  - 闻一闻 → 各种味道
  - 看一看 → 酸甜
- 制作糖果
  - 科学探究 → 甘蔗熬糖
  - 劳动 → 冰糖葫芦
  - 种植 → 桑葚果酱
  - 家长进校园 → 山楂果酱、煮奶茶
- 糖果消失了 —— 科学：溶解

甜蜜的负担
- 到底吃不吃
  - 社会实践：牙齿大调查
  - 绘本《鳄鱼怕怕，牙医怕怕》
- 医生讲座：保护牙齿
  - 认识牙齿
  - 学习刷牙

项目实施计划

在实施阶段，我们追随幼儿的兴趣和关键问题不断深入，将健康、语言、科学、社会融入其中。如表所示。

实施阶段	具体活动
第一阶段：寻找糖果	实践活动：超市寻找糖果 谈话活动：我认识的糖果 科学活动：糖果是什么？ 数学活动：我最喜欢的糖果 绘画活动：彩色的糖果
第二阶段：认识了解糖果的特点	语言活动：各种各样的糖果 美术活动：超轻泥 —— 颜色的变化 科学活动：糖果融化实验 数学活动：糖果的比较
第三阶段：制作糖果	调查活动：如何制作糖果 亲子活动：甘蔗熬制红糖 劳动活动：熬红糖 科学活动：红糖姜茶
第四阶段：开发糖果美食	家校共育：开发糖果美食 劳动日活动：奶茶 劳动日活动：冰糖葫芦 亲子活动：糖果美食制作会
第五阶段：糖果好吃不多吃	阅读活动：《鳄鱼怕怕，牙医怕怕》 实践活动：牙齿情况大调查 健康活动：糖果好吃不多吃 家长进校园：医生家长讲座 —— 少吃糖果保护牙齿

典型活动

活动一：我身边的糖果 语言

活动目标

1. 运用多种感官感知糖果的不同特征。
2. 能够清楚地讲述出各种糖果的外观及特点。
3. 愿意积极参与社会实践活动，探索糖果的秘密。

活动准备

1. 认识糖果，拥有能够区别糖果和其他食物的能力。
2. 逛超市的经验。
3. 活动 PPT。

活动过程

一、提问导入，认识糖果

（一）提问导入，强调糖果的含义

师：孩子们，你们都吃过糖果吧。请你们说一说，什么是糖果呢？

（二）幼儿自由讨论交流

教师小结：不是所有零食都叫糖果，要以糖类为主要成分的小吃才是糖果。

二、超市大探秘：寻找糖果

（一）糖果在哪里

1. 教师引导幼儿思考：你在哪里见过糖果？

师：孩子们，你们平时在哪里见到过糖果呢？

2. 幼儿讨论交流。

小结：家里有糖果，商店里有糖果，超市里也有糖果……

（二）寻找各种各样的糖果

师：我们的生活中随处可见糖果，超市是我们平时能见到最多糖果的地方，你们都在超市见过哪些糖果呢？

1. 幼儿说一说自己见过的糖果。

小结：超市里有棒棒糖、牛奶糖、水果糖，有的大有的小，还有不同的味道。

2.讨论糖果的特点。

幼儿讲述自己见过的糖果的特点。

（三）走进超市寻找糖果

1.请幼儿跟随家长走进超市糖果区，寻找和观察超市糖果的特点。

师：我们讨论了那么多的糖果，到底糖果是什么样的？有什么特点？为了更好地了解糖果，让我们一起去超市观察观察。

2.提出要求。

（1）仔细观察糖果的外观，总结造型、颜色、大小。

（2）尝一尝糖果的味道，看看有什么不同。

三、分享我知道的糖果

（一）幼儿介绍自己找到的糖果

请幼儿根据图片讲述自己找到的糖果，说出糖果的外观、味道、造型等特点。

（二）总结糖果的不同特征

小结：原来，糖果有不同的大小、不同的颜色、不同的造型，还有软硬的不同、味道的不同等，糖果是多种多样的。

四、分享糖果

请幼儿分享自己找到的糖果，尝一尝不同糖果的区别。

活动反思

在本次活动当中，幼儿从生活的已有经验出发，先进行讨论，加深对于糖果的认识，知道糖果和其他零食的区别，然后才开始带着问题，有目的地到超市寻找各种各样的糖果，综合利用触觉、嗅觉、味觉等进行观察感受。

整个活动联动了学校内外的教育教学资源，为幼儿的活动推进提供了有力支持。此外，幼儿先讨论再寻找，然后进行表达。活动兼顾了幼儿的视、听、说各方面能力，具有较强的综合性。

活动实录图

活动二：颜色变变变　科学

活动目标

　　1.巩固对红、黄、蓝等颜色的认识。

　　2.通过变魔术游戏活动，感知两种颜色混合后变出新颜色的现象。

　　3.积极参与活动，体验颜色变化带来的乐趣。

活动准备

　　1.知识经验准备：幼儿已经认识红黄蓝等颜色，并初步认识橘红色、绿色及紫色。

　　2.物质材料准备：

　　（1）教师记录表。

　　（2）装有小半瓶水的透明瓶子人手一个，在瓶盖里面分别涂有红黄蓝颜料。

　　（3）彩色糖果若干颗。

活动过程

一、以"变魔术"引入，激发幼儿的兴趣

（一）出示蓝色和黄色的糖果

师：今天，老师带来了一样东西，我们数一、二、三，把它请出来！

师：我手里的糖果是什么颜色？

（二）糖果混合变色

教师把黄色和蓝色的糖果放进水里，请幼儿观察颜色变化。

师：老师要把它们放进水里，你们仔细看，发生了什么变化？

师：水宝宝是透明的。现在，要把瓶子里的水变漂亮，我们一起念："水宝宝水宝宝，变变变！水宝宝水宝宝，变变变！"

（教师摇动瓶身，让水接触瓶里的糖果）

小结：水是没有颜色的，是透明的，但是蓝色糖果和黄色糖果放进水里，水变成了绿色。

二、第一次探索：初步感知水宝宝变色的秘密

师：水宝宝变色了，现在请小朋友来当一回小魔术师。

（一）引导幼儿自由探索

1.巩固对红黄蓝等颜色的认识。

师：（出示各种颜色的糖果）这个是什么颜色呢？它是 x 颜色糖果。现在它要找跟它颜色一样的糖果。x 颜色的糖果在哪里？

师：老师准备了好多瓶子，听好，每个小朋友从椅子下拿一个瓶子，我们一起放两颗不同颜色的糖果进瓶子，学老师边摇瓶子，边说"水宝宝水宝宝，变变变！"

2.请幼儿从椅子下取一个瓶子，放入糖果用力摇，使其变色。（老师鼓励孩子用力摇一摇）

师：你们变出来了吗？用了哪两种颜色？变出什么颜色了？

3.集中讨论，探索水宝宝变色的秘密。

师：我们的瓶子都是如何变颜色的呢？

请个别幼儿上来展示自己的成果。

小结：原来，两种颜色的糖果都放在一个水瓶里摇一摇，糖果融化后水就会变颜色。

（二）第二次探索：更换颜料，感知两种颜色混在一起的变化

1.教师出示记录表，记录并进行示范讲解。

师：老师手里有一瓶 x 颜色的水，现在我要请另一个颜色和它做好朋友，两种颜色加在一起会怎么样呢？你们想知道吗？我们一起来仔细观察。

2.教师提出操作要求。

师：在请幼儿进行操作之前，老师有几点要求。首先，去跟其他颜色交朋友的时候一定要轻轻地，不然其他颜色就不跟你交朋友了。其次，换好瓶盖后一定要用力把它拧紧，不然在变魔术的时候，水会漏出来。

3.幼儿使用颜料，尝试将两种不同的颜色混合在一起，观察色彩的变化。

引导幼儿观察瓶子的颜色，再取另一个颜色加入。

幼儿加入两个颜色，摇晃瓶子。

师：瓶子里的水有变化吗？变成什么颜色了？哇，颜色可真有趣，不同的颜色混在一起还会变成另一种新的颜色呢！

4.教师小结。

个别幼儿进行交流讨论。

对"魔术"进行验证并记录。

活动延伸

《找颜色》

师：今天我们小三班的小朋友都很能干，变出了这么多漂亮的颜色，其实在我们的生活中还有许多其他的颜色。

师：可以在教室找找和我们水宝宝一样的颜色，也可以找找不同的颜色。

活动反思

本次活动通过魔术进行导入，极大地激发了幼儿参与活动的兴趣，同时，提升了游戏活动的趣味性。此外，幼儿通过前期的教育教学活动，对颜色有了基本的认识。本次活动就是在原有颜色认知的基础上，进一步增强幼儿对于颜色的了解，知道简单颜色的变化规律。在本次活动的过程中，教师还引入了记录表的使用，培养幼儿使用符号进行记录的意识，对幼儿的表征能力有一定的提升作用。通过这个活动，幼儿不仅提高了动手操作的能力，表达能力也在一定程度上得到发展。

活动实录图

活动三：统计我喜欢的糖果

数学

活动目标

1.尝试用统计图来记录喜欢某种糖果的人数，感知统计在生活中的应用。

2.能够根据统计结果进行总结归纳，比较谁多谁少。

3.愿意用数学知识解决生活中的实际问题。

活动准备

数量统计图，贴纸若干，活动 PPT。

活动过程

一、图片导入

（一）巩固各种各样的糖果外观的知识

教师播放 PPT，引导幼儿观察图片并说出图片上糖果的名字。

师：孩子们，请你们仔细看，图片上是什么？叫什么名字？

（二）讲述糖果特征

引导幼儿介绍各种糖果的口味、特点等。

二、说一说自己喜欢的糖果

（一）幼儿讲述自己喜欢的糖果，说明理由

师：我们生活里有那么多的糖果，你最喜欢哪一种呢？请说出你的理由。

（二）提问引出统计

师：每个小朋友都有自己喜欢的糖果类型，老师想知道，喜欢哪种糖果的人数最多，喜欢哪种糖果的人数最少。你们有什么好办法吗？

幼儿进行自由讨论。

三、尝试使用统计表

（一）了解统计表

教师出示统计人数的统计图。

师：这是统计表，每个表格顶部有糖果种类的图片，对应下来有很多空格，用来记录喜欢这种糖果的人数。每个小朋友选择一种自己最喜欢的糖果，在图片下的格子里贴上贴纸，全部完成以后就能判断喜欢每种糖果的人数是多少了。

（二）幼儿尝试用统计图来统计

教师发放贴纸，幼儿投票选择自己喜欢的糖果种类。

（三）分析结果

1.请幼儿观察统计图结果，交流发现。

师：这是刚才大家作出的选择，在统计图上，我们能了解很多信息。谁来说说你发现了什么？

2.教师介绍结果。

师：在图上，得到贴纸最多的糖果，说明最受小朋友喜欢；得到贴纸最少的糖果，说明最不受小朋友喜欢；如果两种图片得到的贴纸一样多，说明喜欢这两种糖果的小朋友人数一样多。

3.幼儿讲述自己观察的结果。

教师小结：利用统计图，我们能快速地对很多信息进行比较，得出结论。生活中，可以利用统计的情况也有很多，大家可以多多关注。

活动延伸

在数学区投放统计表，鼓励幼儿利用统计图进行数学游戏。

活动反思

利用统计图表对生活中的一些情况和问题进行统计，对于班级里的幼儿来说，还是第一次。通过活动，他们对统计图有了比较粗浅的了解，能够尝试着运用统计图解决问题。活动过程当中，幼儿通过贴贴纸活动参与到统计过程当中，直观感受统计的作用，并且在活动过后，教师组织幼儿对结果进行观察讨论，他们能够直观地发现统计图的妙用，这对幼儿的数学能力是一个比较大的提升。此外，数贴纸数量也能够锻炼幼儿的点数能力。

而本次统计的结果也能为之后进一步推动项目活动的开展提供经验，让老师更清楚地了解到幼儿可能对哪一方面的内容更加感兴趣，对哪一种材料更感兴趣，可以为教师提供开展活动的指引。

活动实录图

活动四：汤圆一家　　語言

活动目标

1. 认真倾听故事，感知不同角色的特点，体验故事的趣味性。
2. 了解汤圆的制作材料和过程，丰富动词"搓"。

活动准备

1. 绘本故事《汤圆一家》。
2. 糯米粉、水、红糖、电磁炉、锅。

活动过程

一、游戏导入 —— 变汤圆

用身体摆姿势，自由变化汤圆，体验变化不同汤圆带来的乐趣。

师：你想做什么样的汤圆，大大的、圆圆的？我们来试一试！

师：我们刚刚变了哪些不同的汤圆？原来我们是汤圆一家！

二、讲故事，做汤圆

（一）教师讲述故事《汤圆一家》，感知故事不同角色的特点

师：汤圆涵涵的家里都有谁？他们都有什么特点？（爷爷高高的、奶奶矮矮的、爸爸瘦瘦的、妈妈胖胖的、涵涵小小的）

（二）倾听并理解故事，自然学说简单重复的对话

师：故事哪儿有趣？我们一起来学一学故事里有趣的对话。

（三）尝试制作汤圆，体验"汤圆一家"的快乐

1. 请幼儿将小手洗干净。

师：我们做汤圆之前先去把小手洗干净吧。

2. 出示湿糯米团，幼儿感受湿糯米团的特点。

师：小朋友们，捏一捏湿糯米团，说一说捏起来感觉怎么样？

教师根据幼儿回答小结：很软、有黏性等。

3. 教师示范搓汤圆的方法，重点强调"搓"。

先将糯米团蘸水，揉一揉再搓成长条、分段，提醒幼儿先分成差不多大小的段，再搓成圆圆的汤圆。

4. 幼儿尝试操作，教师巡回指导。

三、煮汤圆

（一）煮汤圆

1. 把搓好的汤圆放到盘子里，送到锅里煮。

2. 请幼儿观察汤圆在锅里煮熟的过程，教师提醒幼儿注意安全。

（二）品尝汤圆

将汤圆盛在碗里加入红糖，请小朋友们品尝。

活动反思

　　有了前期家长入园助教时制作奶茶、冰糖葫芦的经验，以及幼儿日常在区角活动当中积累的生活区操作经验，在本次活动，幼儿利用区角活动的时间，选择制作红糖汤圆，表现得得心应手。他们在活动当中有明显的分工与合作，通过操作自主学习得到的步骤，让整个活动有理有条，显示出较强的秩序感。同时，这次活动也展示出了幼儿较强的劳动能力和劳动素养。在活动当中，他们愿意积极主动地进行操作，有一定的操作能力。在活动结束后，他们也学习着收拾整理，恢复区角的整洁。此外，活动过程当中，由于要使用电磁炉等比较危险的电器，幼儿也知道不能触碰面板、避免蒸汽烫伤等，会保护自己不受伤害，有较强的安全意识。

活动实录图

课程评价

　　课程评价是评估课程是否达到预期教育目标的标准，有助于验证课程的实施效果，从而帮助教师调整和优化课程设计。依据"善表达、巧创意、健体魄、喜探索、好交往"的项目目标，设置了以下评价表。

评价维度	评价目标	评价任务	评价标准	评价方式
善表达	1. 能流畅讲述、表达事物特征。会用符号记录自己的感受 2. 在观看绘本后，能讲述故事内容	1. 调查糖果后能介绍糖果的种类、特点，并尝试用符号记录 2. 通过观看绘本，讲述糖果的危害	★★★：能够流畅地表述糖果特点，并熟练地用符号记录感受 ★★：在引导下能表述糖果的特点，并能用简单符号记录感受 ★：无法表述糖果的特点，不能用符号记录感受	1. 观察评价 2. 儿童行为参与观察表
巧创意	1. 积极主动地探索糖果融化现象 2. 探索使用多种材料进行制作	1. 在探究糖果融化现象时积极参与 2. 通过使用多种材料尝试制作造型丰富的糖果	★★★：积极主动参与探索，大胆进行手工创作 ★★：在引导下参与探索和进行手工创作 ★：不能主动参与探索，手工创作存在困难	1. 观察评价 2. 儿童行为参与观察表
健体魄	具有基本的健康知识，有自我保护意识	在品尝糖果的活动中知道要少吃糖果，保护牙齿	★★★：能够主动少吃糖果保护牙齿 ★★：能够在提醒下少吃糖果保护牙齿 ★：没有少吃糖果保护牙齿的意识	1. 观察评价 2. 儿童行为参与观察表
喜探索	喜欢探索，对未知的事物有浓厚的探究兴趣	通过探究糖果的融化现象，培养探究兴趣	★★★：有浓厚的探究糖果的兴趣 ★★：在他人提醒下参与探究糖果 ★：没有探究糖果的兴趣	1. 观察评价 2. 儿童行为参与观察表
好交往	1. 愿意主动进行探究活动 2. 会运用简单的交往技巧和同伴合作 3. 有初步的规则意识	1. 主动进行活动的探究，发现糖果的特点 2. 能和同伴合作探究糖果 3. 遵守活动要求，有基本的规则意识	★★★：主动和同伴合作，遵守活动规则 ★★：在引导下和同伴合作，遵守活动规则 ★：不和同伴合作，无法遵守活动规则	1. 观察评价 2. 儿童行为参与观察表

（本课指导老师：王玉廷、刘雪梅、雷尊明）

神奇的麦子课程

一天，老师拿来一本名为《小语种麦子》的绘本。老师在讲述故事时，向小朋友们抛出了一个问题："面条是从哪里来的？面条的妈妈是谁？"

"面条是超市买的。"

"面条是锅里来的！"

"如果面条是锅里来的，那么它的妈妈是小锅吗？"

……

最后，孩子们发现面条的妈妈竟然是小麦。于是老师告诉小朋友们，种植园里的作物已经收获了，很快又要播种了。这一次大家可以去园里种植和照顾小小的麦芽，让它们茁壮成长为神奇的麦子。

项目意图

　　3~6岁是为幼儿后继学习和终身发展奠基的重要阶段，也是为幼儿做好入学准备的关键阶段。教育部出台的《关于大力推进幼儿园与小学科学衔接的指导意见》中指出：幼儿园应将入学准备教育有机渗透于幼儿园三年保育教育工作的全过程，帮助幼儿做好身心各方面准备，实现从幼儿园到小学的顺利过渡。为深入贯彻落实《3~6岁儿童学习与发展指南》和《幼儿园教育指导纲要（试行）》，充分尊重幼儿身心发展规律和特点，我们在小班班本课程"神奇的麦子"中产生了一些新的思考。

项目目标

　　依据《江津区东城幼儿园园本课程方案》中提到的"培养善表达、巧创意、健体魄、喜探索、好交往的儿童为课程目标"，设置了以下项目目标。

总目标	一级目标	二级目标
善表达	倾听与表达能力	能在引导下发现并提出相关的问题，并用自己的话进行简单解答
	前阅读与前书写	能看懂图片细节，理解故事内容，并依据已有故事情节猜测故事的发展，进行想象思维训练
巧创意	感知与欣赏	在欣赏麦子时，能够关注麦子的色彩、形态等特征
	表达与创造	1.能够用简单的线条表达自己想象的人、事、物 2.在家长的帮助下，记录自己的想法和创意，参与布置展销会和制作美食手册
喜探索	探究精神	在一天的生活中能够遵守轮流照顾麦苗的规则，初步养成爱护植物的责任感
	探究能力	乐于探索生活中的各种现象和参与美食制作活动
好交往	自我发展	通过参与生发麦苗、制作麦芽糖和美食展销会等活动，获取"劳有所得"的积极体验
	社会交往	能够在制作活动结束后与伙伴共同清洁、整理环境

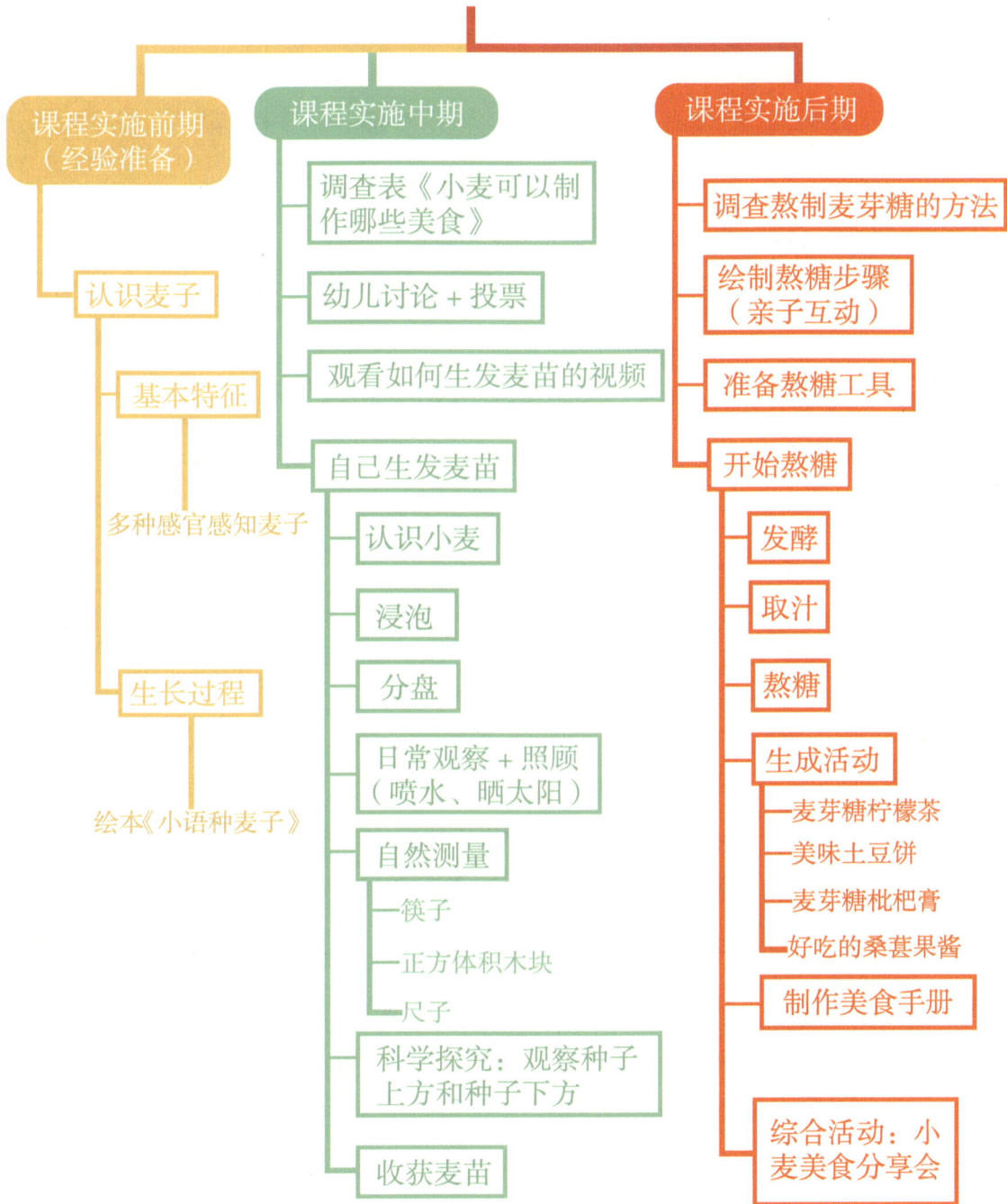

项目框架

神奇的麦子

课程实施前期（经验准备）

- 认识麦子
  - 基本特征
    - 多种感官感知麦子
  - 生长过程
    - 绘本《小语种麦子》

课程实施中期

- 调查表《小麦可以制作哪些美食》
- 幼儿讨论＋投票
- 观看如何生发麦苗的视频
- 自己生发麦苗
  - 认识小麦
  - 浸泡
  - 分盘
  - 日常观察＋照顾（喷水、晒太阳）
  - 自然测量
    - 筷子
    - 正方体积木块
    - 尺子
  - 科学探究：观察种子上方和种子下方
  - 收获麦苗

课程实施后期

- 调查熬制麦芽糖的方法
- 绘制熬糖步骤（亲子互动）
- 准备熬糖工具
- 开始熬糖
  - 发酵
  - 取汁
  - 熬糖
  - 生成活动
    - 麦芽糖柠檬茶
    - 美味土豆饼
    - 麦芽糖枇杷膏
    - 好吃的桑葚果酱
  - 制作美食手册
- 综合活动：小麦美食分享会

项目实施计划

实施阶段必须从幼儿的真实生活和发展需要出发，从生活情境中发现问题，转化为综合课程活动，如表所示。

实施阶段	具体活动
第一阶段：感知小麦	语言活动：绘本讲述《小语种麦子》 探究活动：多感官感知麦子 探究活动：大麦小麦不一样 健康活动：律动《大麦与小麦》
第二阶段：探究小麦能做什么	调查：小麦可以制作哪些美食 谈话活动：你最喜欢哪种小麦制作的美食 数学活动：投票统计 探究活动：麦芽糖项目 调查：生发麦芽的方法 科学活动：生发麦芽、测量麦芽 探究活动：麦芽的上方和下方 艺术活动：禁止触摸麦芽 区角活动：照顾麦芽
第三阶段：制作小麦美食	调查：熬制麦芽糖的方法与步骤 小任务：准备熬糖工具 亲子活动：熬制麦芽糖 生成活动：麦芽糖柠檬茶、美味土豆饼、麦芽糖枇杷膏、好吃的桑葚果酱 亲子活动：制作美食手册 综合活动：小麦美食分享会

典型活动

活动一：照顾麦芽 [生活]

活动目标

1.初步了解植物角的任务分工并积极完成每日任务。

2.知道给麦芽定期换水。

3.愿意承担照顾麦芽的责任。

观察要点

1.幼儿是否能够每日积极完成分配的植物角任务。

2.幼儿是否知道麦芽的生长需要定期换水并实施。

指导要点

1.提醒幼儿通过各种方法给麦芽保持水分。

2.引导幼儿每日观察麦芽的变化并记录。

3.引导幼儿观察麦芽没有按时换水后发生的变化。

4.引导幼儿观察麦芽叶子部分与根部的不同特征。

活动反思

　　幼儿通过区角活动的实施，在日常教育教学生活中初步了解班级植物角的任务分工，并能在老师的引导下积极完成每日任务，愿意承担照顾麦芽的责任，知道给麦芽定期换水、晒太阳，同时和小伙伴们参与一系列的探究活动和实验，了解麦苗的生长过程，因此对小麦有了更深入的了解。

活动实录图

活动二：投票统计 数字

活动目标

1. 尝试按数完成柱状统计图。
2. 能够点数票数并说出总数。
3. 体验和发现数在生活中的作用。

活动准备

1. 各种由小麦做成的美食图片。
2. 彩笔、柱状图若干。

活动过程

一、导入部分

师：我们的生活中，有很多由小麦做成的美食。小朋友们，你们知道有哪些美食呢？

幼：蛋糕、馒头、饺子。

二、基本部分

（一）欣赏美食图片

师：今天老师带来几种美食的图片，我们一起来看一看吧！有甜甜的小蛋糕、香喷喷的馒头、美味的饺子，还有麦芽糖。你们都吃过吗？它们都是由什么做成的呢？

幼：小麦。

师：有的美食需要用面粉来做。面粉是由小麦做成的，把小麦磨成粉就变成了面粉。

（二）投票环节

师：你们想不想用小麦来做成美味的食物？最喜欢哪一种呢？

幼儿举手回答。

师：小朋友们的意见我们都可以采纳，但是只能选一种美食来制作。所以接下来，我们要来进行投票环节。

师：每位小朋友都会得到一颗贴贴星，将这个贴贴星贴到你最喜欢、最想制作的美食上面，我们来看看哪一个的票数最高。

（三）计数环节

师：现在投票环节结束了，我们需要来清点每一种美食的票数，选出最高的一个。请小朋友们伸出你们的食指，我们数一数，哪一种美食的票数最高。

幼儿进行点数，得出最高票数的美食。

师：小蛋糕有几票？

幼：5 票。

师：馒头呢？

幼：7 票。

师：饺子数出来几票呢？

幼：11 票。

师：那最后一个麦芽糖呢？

幼：13 票。

师：麦芽糖得票数最高，所以我们最后选择麦芽糖来制作。

（四）分发柱状图纸

师：小朋友们看到这张图纸了吗？这个叫柱状图，每一个格子代表一票，小蛋糕有 5 票就涂 5 个格子，馒头有 7 票就涂 7 个格子。

分发图纸和彩笔，幼儿自行操作。

师：柱状图适合用于比较数字之间的多少，最高的一个柱状就代表它票数最多。

三、结束部分

师：今天我们选择了麦芽糖，请小朋友们回去跟爸爸妈妈查查资料，看看做麦芽糖需要准备什么，过程需要多久。

活动反思

在此次活动过程中，幼儿能够一一对应点数票数并说出总数，但是在制作柱状图时，部分幼儿没有遵守"从水平线往上数"的规则，最后是在老师的引导下初步认识并尝试按数完成柱状统计图。在活动的最后，幼儿在体验中发现了数学是无处不在且对我们的生活有很大的作用的。

活动实录图

活动三：《小语种麦子》 语言

活动目标

1.能看懂图片细节，理解故事内容，并依据已有故事情节猜测故事的发展，进行想象思维训练。

2.通过集体阅读与自由阅读把握故事脉络。

3.阅读感受麦子生长变化过程的神奇，懂得珍惜粮食，对即将开展的种植活动充满期待。

活动准备

绘本若干、电子课件、一段五分钟的音乐。

活动过程

一、导入活动，简要介绍绘本内容

（一）谈话导入，激发兴趣

师：今天老师带来一本书，书里讲了什么？我们一起来看看。

教师出示图片，认识故事主人翁。

师：你们看到封面上有什么？他们在做什么？

幼：看到小男孩在吃面条。

师：他吃得怎么样？

幼：吃得乱七八糟的。

师：吃得乱七八糟的还在吃，说明面条应该很好吃。图片上还有谁？

幼：还有小狗，它看着小男孩的面条流口水。

师：小狗都想吃男孩的面条，这面条得多好吃呀。那这本书是讲了吃面条的故事吗？书叫什么名字呢？我们一起来看看。

（二）出示封面，介绍绘本名称

师：这本书的名字叫《小语种麦子》，谁是小语？

幼：吃面条的小男孩。

师：这本书叫什么名字？

幼：《小语种麦子》。

（三）出示麦子图片，认识麦子

师：麦子是什么？哪位小朋友能告诉大家，麦子长什么样子？

幼：成熟的麦子颜色是金黄色的，麦子藏在麦穗里，小小的，一根一根的。

（四）介绍扉页

师：这是书的扉页，小语和小狗围着一盆什么？

幼：麦子。

师：是麦子吗？我们一起在书中找找答案。

二、基础部分

（一）阅读绘本

1.集体阅读。

教师逐页讲述绘本，引导幼儿思考故事内容。

（1）讲述故事并提问。

师：看他的表情是什么样的？他在做什么？

幼：小语在和面条说话。

师：小语和面条在说什么？

幼：小语在问面条，它是从哪里来的。

（2）启发与思考，探索面条从哪儿来？

鼓励小朋友说出不同的答案。

师：那面条是从哪里来的呢，请小朋友们说说看。

幼：面条是超市买的，是锅里煮的……

师：我们看看，面条是怎么回答的。

（3）继续讲述。

小语问："那你的妈妈是谁呢？"面条说："我没有妈妈。"小语说："每个人都有妈妈，你的妈妈肯定是很长很长的面条吧。"面条说："不对呀不对呀，我们是短短的面条。"小语又问："那你的妈妈是谁呢？是小锅吗？是袋子吗？"

2.提出问题，讲解阅读要求。

师：面条的妈妈到底是谁？答案在书里。听清楚要求，我们仔细地找找看，小语找到面条的妈妈了吗？面条到底是什么变来的？为什么小语要种麦子？

明确要求：音乐声响起来就开始拿书，仔细阅读并寻找答案。音乐停下来以后，小朋友们就马上把书放回盘子里，安静坐好，举手分享你找到的答案。

3.自由阅读，寻找问题答案。

教师巡视幼儿的阅读情况，给予必要指导。

（1）及时表扬，恢复活动秩序。

师：音乐停了，能够立刻放好图书坐端正的小朋友，是有认真听规则的小朋友。

（2）交流问题答案。

师：看看，哪位小朋友能用洪亮的声音告诉大家，小语找到小麦的妈妈了吗？

幼：找到了，是小麦。

师：面条是由什么东西做成的？

幼：小麦。

师：小语为什么会去种麦子？

幼：是为了找到面条的妈妈。

（3）仔细阅读关键图片。

图片1：妈妈是怎么种麦子的？（强化种植顺序）

图片2：他们在做什么？（强调种麦子要长时间等待）

图片3：妈妈是怎么把麦子变成面条的？（回忆制作面条的步骤）

4.继续集体讲述故事。

（1）关注图片细节，理解故事内容。

师：看小语的表情是怎么了？是谁在和小语打招呼？

师：这么多抠脑袋的表情，说明小语迷糊了，不知道是谁在打招呼。原来，是面条呀。

（2）理解食物会变成营养保护我们的身体健康。

师：小面条进了嘴里，不是要离开小语，它只是变了另一种样子一直陪伴在小语身边。每当小语长高和用力的时候，它就会出现了。连小狗吃了掉在桌子上的面条，也变得有力气了。

（3）介绍封底。

又到了播种的季节，小语继续种更多的麦子。

师：这就是这本书的封底，表示这本书结束啦。

（二）体会种植粮食的不易，培养节约粮食的好习惯

师：故事里，小麦的生长都经历了哪些变化？

小结：小麦经历了播种、发芽、长高、长穗、开花、成熟这么多的阶段，小语都从穿长袖等到了炎热的夏天，经历了漫长的时间。每一粒粮食都来之不易，我们要好好地爱护它，节约粮食不浪费。

（三）完整阅读故事《小语种麦子》经验迁移，请小朋友表达自己的种植心愿

师：我们种植园里的作物已经收获了，很快又要播种了，这一次你要种什么？

活动延伸

区角活动：阅读区投放完整绘本《小语种麦子》。

种植园开展种植活动。

活动反思

在此次活动过程中，幼儿在老师的引导下能看懂图片细节，能够根据图片的脉络理解故事内容，依据已有故事情节猜测故事的发展，训练了想象思维。通过集体阅读与自由阅读绘本，幼儿能把握故事的脉络，感受麦子生长变化过程的神奇，从而懂得食物的来之不易，养成珍惜粮食的好习惯，同时对即将开展的种植活动充满期待。

活动实录图

活动四：麦芽糖枇杷膏 生成

活动目标

1. 了解枇杷的基本特征和营养价值。
2. 尝试使用工具并在成人的帮助下采摘枇杷。
3. 乐意和同伴一起合作完成活动。

活动准备

物品准备：采摘枇杷的工具、麦芽糖。

经验准备：儿歌《摘枇杷》。

活动过程

一、儿歌导入

师：之前我们学习了一首关于枇杷的儿歌，最近幼儿园的枇杷成熟了，大家一起去参加枇杷节吧！

二、基本部分

（一）采摘枇杷

师：拿上我们的工具，一边念儿歌，一边去摘枇杷吧！

儿歌：白花花黄枇杷，引来鸟儿叫喳喳。冬天花夏天果，陪伴东幼你和我。小伙伴手牵手，枇杷树下走一走。东幼人心连心，树上缀满小星星。四五月到我家，甜甜蜜蜜吃枇杷。枇杷甜枇杷美，最甜最美津城水。我有枇杷我有花，我爱祖国我爱家。学好本领志气宏，长大就圆中国梦、中国梦！

（二）自主讨论

师：枇杷摘回来了，你们知道枇杷有什么功效吗？除了吃新鲜的枇杷，我们还可以怎么吃呢？

幼儿自主讨论。

师：吃不完的枇杷我们可以制作成果酱，有助于保存。

师：制作枇杷膏需要哪些步骤？

（三）观看制作枇杷膏的视频

师：我们先洗枇杷、取果肉，然后将枇杷、冰糖、麦芽糖放入电饭锅，加少许水进行熬煮，煮至黏稠就可以了。

（四）幼儿分工

师：大家可以讨论，进行分工合作，这样制作会更快。

（五）幼儿品尝分享

师：枇杷膏做好了，我们可以用来冲水喝，多余的枇杷膏还可以分享给其他班级的小朋友品尝。

三、结束活动

师：请小朋友们回家后跟爸爸妈妈讲一讲枇杷膏的制作步骤，也可以在家尝试制作枇杷膏。

活动反思

此次活动，我们以幼儿园举行的枇杷节为契机，通过多元化形式了解了枇杷的基本特征和营养价值。幼儿在家长和老师们的陪伴下，尝试使用工具采摘枇杷。在此过程中，幼儿可以和小伙伴一起互帮互助，合作完成任务。在枇杷采摘回去之后，幼儿非常认真地学习处理枇杷的方法，并且和老师一起将枇杷制作成了美味的枇杷膏，进行了集体分享。这个活动不仅提高了幼儿的劳动素养，还帮助他们获得了非常积极的情感体验。

活动实录图

课程评价 🦃

课程评价针对教育质量进行界定，以更加明确当前的质量水平和改进的需要，也使教育质量评价的深度和广度得到了提升。依据"善表达、巧创意、健体魄、喜探索、好交往"的项目目标，设置了以下评价表。

评价维度	评价目标	评价任务	评价标准	评价方式
善表达	1. 能提出相关问题 2. 能够用语言的方式与同伴交流	1. 在观察麦芽的过程中，能提出"麦芽发霉了怎么办？"这一问题 2. 能够用语言的方式与同伴交流	★★★：能提出问题并通过语言和同伴交流 ★★：在引导下能提出问题并通过语言和同伴交流 ★：无法提出问题，不能和同伴交流	1. 观察评价 2. 儿童行为参与观察表
巧创意	1. 能用简单的线条表达想象的人、事、物 2. 能使用自然物对麦苗进行测量 3. 乐于参与涂画、粘贴活动	1. 用简单线条与图案记录活动过程 2. 对麦芽进行测量并完成记录表 3. 通过多种感官来感知小麦的特征	★★★：能用线条与图案记录活动过程，乐于参与涂画等活动 ★★：在引导下能用线条与图案记录活动过程，愿意参与涂画等活动 ★：不能用线条与图案记录活动过程，不愿意参与涂画等活动	1. 观察评价 2. 儿童行为参与观察表
喜探索	1. 对探究小麦感兴趣 2. 能感知小麦的主要特征	1. 通过活动了解小麦美食的制作过程和方法 2. 能够感知温度对麦芽糖形态变化的影响	★★★：对探究小麦有浓厚兴趣，能感知小麦的主要特征 ★★：在引导下对探究小麦有一定兴趣，能感知小麦的主要特征 ★：对探究小麦没有兴趣，不能感知小麦的主要特征	1. 观察评价 2. 儿童行为参与观察表
好交往	1. 能尝试在日常生活中照顾麦芽 2. 能够自主整理自然角 3. 产生保护麦芽的意识	1. 能通过讨论的方式探究保护麦芽的方法 2. 可以自主整理自然角 3. 能够自主设计"禁止触摸"麦芽的标志	★★★：主动照顾麦芽且能自主整理自然角 ★★：在提醒下能照顾麦芽且整理自然角 ★：不会照顾麦芽和整理自然角	1. 观察评价 2. 儿童行为参与观察表

（本课指导老师：刘振敏、何洁、甘淳）

叶子大揭秘课程

　　餐后散步时，孩子们在种植园观看种植的蔬菜，一言小朋友说："我看到了一片好大的叶子。"旁边的小朋友也围观起来，发现泥土上还有许多掉落的叶子，大家纷纷收集起来。

　　"我收集到很多叶子，它是谁掉落的？"

　　"原来是树上掉落下来的。老师，它叫什么名字？"

　　"是枇杷叶。"

　　"是奶奶熬好治疗咳嗽的叶子吗？"

　　"种植园有许多蔬菜叶子。"

　　儿童教育家陈鹤琴的活动教育有一条：大自然、大社会皆是活教材。《3~6岁儿童学习与发展指南》中也提到，成人要善于发现和保护幼儿的好奇心，充分利用自然和实际生活的机会，引导幼儿通过观察、比较、操作、实验等方法，学习发现问题、分析问题和解决问题。我们经过讨论，便开启了我们的叶子大揭秘课程。

项目意图

　　本课程旨在引导幼儿通过观察和实践，深入探索叶子的外形特征和多种用途，增进他们对植物世界的理解，并激发他们通过手工制作来运用和欣赏叶子的美。并鼓励幼儿发挥好奇心和求知欲，通过提供实验工具和探索机会，支持他们进行实践探索，并培养他们记录和总结自己发现的能力。本课程期望通过植物照料活动，培养幼儿的责任感和对大自然的热爱，让他们愿意主动参与到植物的生长过程中，从而加深对自然的尊重和珍惜。

项目目标

　　依据《江津区东城幼儿园园本课程方案》中提到的"培养善表达、巧创意、健体魄、喜探索、好交往的儿童为课程目标"，设置了以下项目目标。

总目标	一级目标	二级目标
善表达	倾听与表达能力	能够在讲述自己了解叶子的探索过程中，流畅表达和分享叶子的特征与用途
	阅读能力	喜欢阅读叶子的绘本故事，能够大体说出所听故事的主要内容和自己的阅读感受
巧创意	审美情感力	能够主动探索叶子的用途并尝试制作有关叶子的物品
	审美创造力	能够使用手工材料制作多样的叶子
健体魄	健康行为	知道能食用的叶子丰富多样
喜探索	探究精神	能对叶子的外形特征和用途产生浓厚兴趣
	探究能力	1. 学习用比较、观察、实验等方法观察和探索叶子的结构 2. 在认识、了解叶子结构的过程中，能根据叶子的外形、颜色等特点尝试进行简单的分类和实验探究

项目框架

- 叶子大揭秘
  - 感知
    - 观察活动：幼儿园里的叶子
    - 小组活动：叶子的形状 / 颜色发现
    - 小组活动：表征叶子外形（颜色、形状）
  - 探索
    - 结果探究：叶脉书签
    - 艺术活动：叶子可以画画？
    - 实践活动：初探叶子拓染
    - 小组活动：拓染桌布
      - 小组活动：设计桌布
      - 实践活动：制作桌布
    - 实践活动：叶子美食
      - 收集叶子
      - 制作
      - 分享
      - 品尝
    - 小组活动：种植园的叶子生长探讨
    - 亲子课堂：认识花青素
  - 表现
    - 艺术活动：叶子画相册
    - 实践活动：亲子拓染

项目实施计划

实施阶段从某一个"点"出发，以某一个主题为线索，从教育教学活动的设计、幼儿园环境创设的改变到家庭与幼儿园的联动，始终贯穿某一主题，同时将健康、语言、科学、社会融入其中，在尊重幼儿发展水平与特点的基础上，让某一主题发挥其最大价值，如表所示。

实施阶段	具体活动
第一阶段：感知叶子	观察活动：幼儿园里的叶子 小组活动：叶子的形状/颜色发现 —— 有趣的叶子 小组活动：表征叶子的外形
第二阶段：探究叶子能做什么	结构探究：叶脉书签 艺术活动：叶子可以画画? 实践活动：初探叶子拓染 小组活动：设计桌布 —— 叶子拓染画 实践活动：制作桌布 实践活动：叶子美食1 —— 美味的青团、美味的叶子 实践活动：叶子美食2 —— 花草蛋 小组活动：种植园叶子生长探索 —— 种植蔬菜 亲子课堂：认识花青素 —— 奇妙的紫甘蓝
第三阶段：表现叶子大创作	艺术活动：叶子画相册 实践活动：亲子拓染

典型活动

活动一：美味的青团 社会

活动目标

1. 用清明草制作青团。
2. 了解清明节的习俗和青团的来历。
3. 体验动手制作青团，感受成功的乐趣。

活动准备

1. 清明草。
2. 糯米粉。
3. 豆沙馅和肉松。

活动过程

一、谈话导入、激发幼儿兴趣

师：孩子们，你们知道清明节是什么时候吗？

师：青团是江南一带在清明节吃的一道传统点心，据考证，青团之称大约始于唐代，已有 1000 多年的历史，每逢清明几乎都要蒸青团。

师：那你们知道青团是怎么制作的吗？青团也是用可以食用的叶子制作的哦！

二、制作青团

（一）材料准备

把清明草嫩芽清洗焯水后放入凉开水，清明草冷却后切小段放入破壁机进行打碎研磨，然后倒入准备好的糯米粉中拌匀成团。馅料准备有肉松和豆沙。

（二）教师示范、幼儿观看制作过程

师：先揉面，将面团搓成长条状，然后将长条分成较为均匀的小块，再把小块的面团搓圆，压成小碗状后放入适量豆沙馅收口，把馅包进面团里并搓圆就可以啦！

三、幼儿制作、教师巡回指导

师：现在请你们洗干净小手！开始制作青团吧。

做好的青团放到硅油纸上均匀摆在盘子里，进行下一步。

四、蒸青团

教师协助幼儿把青团放到蒸锅里，注意厨房安全。

五、活动结束

引导幼儿共同收拾整理，清洁桌面和餐具，保持活动室的干净。

活动延伸

点心时间：品尝自己制作的青团。

活动反思

本次活动是幼儿结合清明节开展的美食活动，幼儿品尝了青团的味道，这既能让幼儿发现叶子有不同的食用方法，又能让他们感受中华传统美食的魅力。在活动中，教师把幼儿分成不同的小组，以小组形式鼓励幼儿进行操作。幼儿开始尝试和同伴商量合作，约定谁做什么事情，初步有了合作完成任务的意识。由于要使用电饭锅、破壁机等电器，幼儿也具备基本的安全意识。制作好青团后，幼儿分享给老师、同学、家人。在后续活动的开展当中，可以更多地思考叶子的用途，促进幼儿的全面发展。

活动实录图

活动二：叶子拓染画

艺术

活动目标

1. 用拓染的方式制作一张漂亮的桌布。
2. 尝试拓染树叶画，体验拓染绘画的乐趣。
3. 能围绕话题大胆表达自己的想法。

活动准备

1. 活动前，师幼一起收集各种树叶，并进行整理和清洁。
2. "树叶"组图、"手工成品图"图片。
3. 白色桌布、胶带、小锤子。

活动过程

一、出示组图"树叶"，引出活动主题

师：孩子们，你们观察过树叶吗？每片树叶的样子都长一样吗？

师：树叶都有什么形状？像什么？

小结：每片树叶的样子都不一样，即使是形状差不多，但叶子上的图案也是不一样的。有的树叶像扇子，有的树叶像手掌，有的树叶像月亮，有的树叶像一颗鸡蛋。

二、出示图片"手工成品图"

（一）出示手工成品图，引导幼儿观察

师：这些好看的桌布都是用树叶画出来的，不是用笔绘画的，你们知道是怎么画的吗？

（二）教师示范树叶拓印画的步骤

师：首先把桌布在桌子上铺平，把洗干净的叶子摆放在桌布上，设计一个你喜欢的图案，然后用透明胶带把叶子固定在白色的桌布上，再用小锤子不停地敲打叶子，把叶子里面的汁水全部敲出来印在桌布上。最后撕下胶带，桌布就设计完成啦！

三、鼓励幼儿自由创作，教师巡回指导

师：现在请孩子们开始设计图案吧！在固定的过程中遇到困难可以举手，老师可以来帮助你们哦！

四、作品展示

（一）引导幼儿围绕作品大胆表达自己的想法

师：你们用了哪些形状和颜色的叶子？

师：你敲的叶子有没有拓印成功呢？

（二）作品爱护

师：你们的作品需要先晾干后才能使用，我们需要怎么爱护它？

活动延伸

在美工区投放各种树叶与绘画材料，鼓励幼儿继续制作树叶拓印画。

活动反思

幼儿自行创造，通过采集、泡、排序、贴、捶打、晾干等多道工序，制作自己心仪的叶子拓染画。本活动既锻炼了幼儿的想象力与创造能力，又发挥了幼儿的主观能动性，是一项比较受幼儿喜欢的活动。在活动中，大家都全神贯注，专注于制作自己的作品，表现出较强的专注力。在后续活动的开展当中，可以更多地思考对某一个活动进行感兴趣的活动延伸，以此深化项目活动的内容，促进幼儿的全方面发展。

活动实录图

活动三：种植蔬菜

实践

活动目标

1.懂得种植蔬菜的重要性，引导幼儿热爱劳动，培养劳动技能。

2.识别蔬菜，了解其生长习性生长变化；种植蔬菜，掌握种植方法及管理要点等。

3.通过实践，培养幼儿动手照顾蔬菜成长的能力和观察植物变化的能力。

活动重点

了解蔬菜的生长习性及其特点，学习种植蔬菜的方法，观察叶子的变化。

活动课时

三课时。

活动过程

第一课时（社会、语言）：进行实地考察，投票种什么

一、启发与引导

师：孩子们，你们知道的蔬菜有哪些呢？

师：你们知道的真多呀！那么，你们知道这些蔬菜是怎么来的吗？

师：今天，老师就要带你们去参观一下幼儿园的种植园。

二、认识蔬菜

（一）观赏认识蔬菜

老师带领幼儿到种植园去参观，让幼儿识别各种蔬菜，并筛选出孩子们喜欢的三种植物。

（二）介绍这些蔬菜的种植方法

师：菠菜、苋菜、香菜等种植方式是撒播种子；包菜、莴苣、黄瓜等可移栽。

三、认识几种常用的农具

（一）认识工具

让幼儿说说自己知道的农具有哪些。

出示农具，让学生说出农具名称。

师：你能说出这些农具各有什么作用吗？

（二）投票确定种植内容

出示三种幼儿感兴趣的蔬菜的图片，幼儿投票选出票数最高的蔬菜进行种植。

四、教师小结

教师对不同蔬菜的生长习性进行总结，总结蔬菜的种植方法。

五、家校合作

请家长代表准备种植的种子或者菜苗等物品。

第二课时（社会）：种番茄（了解番茄叶子的外形和种植条件）

一、导入活动

拿出准备好的番茄苗，激发小朋友的兴趣。

二、认识番茄的品种

师：老师这里有两种番茄苗，一种是大番茄，一种是小番茄，我们一起观察番茄苗有什么不同。

小结：番茄苗长得都基本相同，后续观察番茄苗长大后有哪些变化。

三、番茄生长的一生

（一）生育周期

1. 发芽期。

2. 幼苗期。

3. 开花期。

4. 结果期。

（二）对环境条件的要求

对温度、光照、水分和土壤营养的要求，如何发现番茄苗需要水呢？叶子上有小黑点可能是什么原因造成的？

小结：光照过于充足不利于番茄的生长发育，容易引来虫子，它会像蚊虫一样叮咬番茄，让番茄叶子上的营养流失。温度过高易落花落果。

四、分组种植、照顾和观察番茄成长

师：现在分组种植番茄苗并负责照顾它们成长。怎么进行分组呢？

幼儿讨论后进行。

第三课时（科学）：观察照顾番茄的成长

一、讨论观察的方法，照顾其成长

（一）讨论记录方法

师：我们可以用什么方法记录番茄苗成长的变化？

小结：手机录视频、照相、绘画等都是我们记录的方法，记录番茄苗成长时叶子的变化、果子的变化。

（二）分组合作

照顾植物的成长，小朋友分工合作。

二、分工合作与记录变化

合作照顾约定：

1.定期晨检，组织幼儿给它施肥、拔草、浇水。

2.记录番茄苗的成长变化。

3.发现长虫寻求帮助，学习除虫方法（①可喷洒除虫药水；②用黄、蓝板粘虫）。

三、观察总结

1.你发现的番茄苗的变化（叶子、花朵、果实、长虫）。

2.水对番茄苗成长的重要性。

3.分组探究防虫和防虫对番茄的影响（叶子、花朵、果实的变化）。

4.根据幼儿言行让孩子认识到叶子对植株的重要性。

四、小结

通过本活动探究，幼儿了解了种植蔬菜的方法和蔬菜的成长过程，记录了植物叶子的变化、可以食用的部位。

活动反思

本次活动来源于幼儿在对叶子特征进行探索后的活动延伸，这是一个持续的活动探究，需要幼儿有毅力和团结合作地去完成任务。他们发现种子在发芽—生长—结果等阶段，叶子都在不断变化，这些是幼儿在照顾植物中持续观察的结果，因此，他们产生了强烈的责任心和好奇心。

在活动中，教师把幼儿分成小组，鼓励幼儿以小组形式参与活动，并观察植物和照顾植物。对于遇到的问题，教师让幼儿带着问题向家长

寻求帮助和探讨解决方法。活动中，幼儿观察到了不同方法对种植植物的作用，了解到了水、虫害对叶子会有什么影响。同时他们开始尝试和同伴合作，约定谁做什么事情，初步有了合作完成任务的意识。

活动实录图

活动四：紫甘蓝叶子的秘密

科学

活动目标

1.通过探索，初步发现紫甘蓝汁遇到酸碱物质发生颜色变化的有趣现象。

2.尝试在观察、猜测、验证中大胆表述自己的发现。

3.对生活中叶子的秘密感兴趣，体验探究的乐趣。

活动准备

前期经验：幼儿在自然探索区对紫甘蓝探索有兴趣。

实验材料：紫甘蓝、刀、小苏打、白醋、小杯子若干、滴管。

活动过程

一、看一看（导入活动，激发幼儿进行探究的兴趣）

（一）出示紫甘蓝

师：看我带来了什么？大家想一想，我们可以用什么办法让紫甘蓝里的颜色出来呢？

（二）魔术（色彩喷发实验），激发幼儿兴趣，认识紫甘蓝汁

师：为什么会出现红色呢？（把切细丝的紫甘蓝放入温水中）秘密就藏在老师今天带来的材料里，你们看，没有颜色的温水变成什么颜色了？

二、操作实验，初步探索紫甘蓝汁遇酸碱物质发生的颜色变化

（一）出示材料，区分苏打水和白醋的特性

提问：它们有什么气味（让幼儿猜测）

（二）幼儿探索实验

如果把紫甘蓝汁倒入白醋和苏打水中会发生什么变化呢？

实验要求：一张桌子4个小朋友，把小瓶的紫甘蓝汁分别倒入白醋和苏打水里，看一看发生的变化。

幼儿第一次实验，教师重点观察。（白醋和苏打水加入紫甘蓝汁后发生的变化）

师：你们发现了什么？有什么问题吗？

三、颜色变化的原因

（一）探究原因

观看课件，了解紫甘蓝汁使饮料变色的原因。（感受紫甘蓝汁的神奇作用，激发幼儿的探究兴趣）

师：你们现在知道红色的花是怎么变出来的吗？（白醋变出来的）

小结：紫甘蓝里的花青素溶解到温水里，让水变成了紫色。花青素放入白醋中，白醋会变成红色。放入苏打水中，苏打水会变成蓝色。

（二）颜色变变变

把加了醋的紫甘蓝水和加了苏打水的紫甘蓝水混合在一起，变成紫色后与紫甘蓝水比较，颜色变得更鲜艳、更明亮。

四、品尝食物里的花青素

分发白色果肉的火龙果和红色果肉的火龙果，先品尝白色果肉的火龙果，感受舌头是否有颜色变化；再品尝红色果肉的火龙果，观察舌头是否变成红色。

活动反思

本次活动充分利用了家长资源和幼儿对特定职业的认同感，邀请了班级里的科普讲师家长来帮助幼儿对叶子颜色的秘密进行探索，开展了关于了解叶子中含有的花青素对身体有益的健康教育活动。

活动中，家长通过真实材料的操作讲述实际变化，通过图片展示等多种方式让幼儿全面直观地认识了叶子中含有的花青素，初步了解到花青素对身体的益处。组织活动的家长也主动参与到班级项目活动当中，提高了家长的活动参与度，让家长清楚地了解幼儿活动的内容，为后期开展活动提供更有力的支持。整个活动，教师是一个组织者和协调者，教师、家长、幼儿之间相互协作配合，推动了活动的深入开展。

活动实录图

课程评价

　　课程评价围绕项目主体核心任务制定评价内容，使评价更接近幼儿的真实水平，评价结果更具说服力。依据"善表达、巧创意、健体魄、喜探索、好交往"的项目目标，设置了以下评价表。

评价维度	评价目标	评价任务	评价标准	评价方式
善表达	1. 能流畅表达和分享叶子的特征与用途 2. 能用简单符号记录自己的认识和了解 3. 培养初步的阅读意识	1. 能够介绍叶子的特征 2. 能够使用符号进行记录 3. 通过观看《清明节气》，说出关于叶子的内容	★★★：能够流畅地表达叶子的分类并熟练地用符号记录感受 ★★：在引导下能表达叶子的特征，并能用简单符号记录感受 ★：无法表达叶子的特征，不能用符号记录感受	1. 观察评价 2. 儿童行为参与观察表
巧创意	1. 主动探索叶子能做什么 2. 探索用多种材料进行手工制作	1. 在探究叶子结构和叶子分类时积极参与 2. 通过使用多种材料制作叶子物品	★★★：主动参与探索，大胆进行手工创作 ★★：在引导下参与探索和进行手工创作 ★：不能主动参与探索和进行手工创作	1. 观察评价 2. 儿童行为参与观察表
健体魄	具有基本的健康知识和自我保护意识	在活动中知道叶子对身体的益处，养成健康饮食的习惯	★★★：能养成初步健康饮食的习惯 ★★：能够在提醒下养成初步健康饮食的习惯 ★：没有自我保护的意识	1. 观察评价 2. 儿童行为参与观察表
喜探索	对未知的事物有浓厚的探究兴趣	通过探究叶子的结构，培养探究兴趣	★★★：有浓厚的探究叶子能做什么的兴趣 ★★：在提醒下参与探究叶子能做什么的活动 ★：没有探究叶子能做什么的兴趣	1. 观察评价 2. 儿童行为参与观察表
好交往	会运用简单的交往技巧和同伴合作，有初步的规则意识	运用交往技巧和同伴合作，遵守活动规则	★★★：主动和同伴合作，遵守活动规则 ★★：在引导下和同伴合作，遵守活动规则 ★：不和同伴合作，无法遵守活动规则	1. 观察评价 2. 儿童行为参与观察表

（本课指导老师：陈融清、谭露）

"辣"么奇妙课程

在一次午饭后，孩子们开始散步，看到了枯萎的植物角，老师问起小朋友们："你们这学期想在植物角种什么呢？"

"种白菜！"

"种萝卜！"

"种辣椒！"

小朋友们都七嘴八舌地讨论起来。"好辣！"有的小朋友甚至和旁边的小朋友玩起了"顶锅盖"的游戏，"顶锅盖，油炒菜，顶锅盖，油炒菜，辣椒辣了不要怪，呼，一口气；呼，两口气，一、二、三！"

……

老师："现在请孩子们给白菜、萝卜、辣椒投票，看看到底种什么？"最终，同意种辣椒的票数最多。

项目意图

　　《幼儿园活动课程》中明确指出，以幼儿为主体，教师为主导，促进幼儿学习的主动性。项目课程应该从幼儿的兴趣出发，在幼儿兴趣的基础上培养他们的探索欲望，为幼儿的终身学习奠定基础。种植课程是孩子们较为感兴趣，也易于观察和探索的课程。通过观察孩子们对身边事物的探索，发现其教育价值，追随孩子们的脚步，开始了"辣么奇妙"班本课程的探索。主要让孩子们能够达到"喜欢亲近自然，热爱生命""主动观察，智慧探究""灵动表达，多元创造"三个方面的教育目标。

项目目标

　　依据《江津区东城幼儿园园本课程方案》中提到的"培养善表达、巧创意、健体魄、喜探索、好交往的儿童为课程目标"，设置了以下项目目标。

总目标	一级目标	二级目标
善表达	倾听与表达能力	能够口齿清楚地表达自己对辣椒的粗浅认识与感受
巧创意	审美感知力	尝试亲近辣椒，知道辣椒的种类、颜色、形状、大小等基本特征
	审美创造力	能用声音、动作、简单的线条和色彩等，基本表现出观察到的辣椒
喜探索	探究精神	尝试用自然探索工具发现辣椒的秘密，能用多感官探索辣椒，仔细观察并发现辣椒的明显特征
好交往	社会适应能力	在"辣"么奇妙课程中，体验集体探索活动的乐趣

项目框架

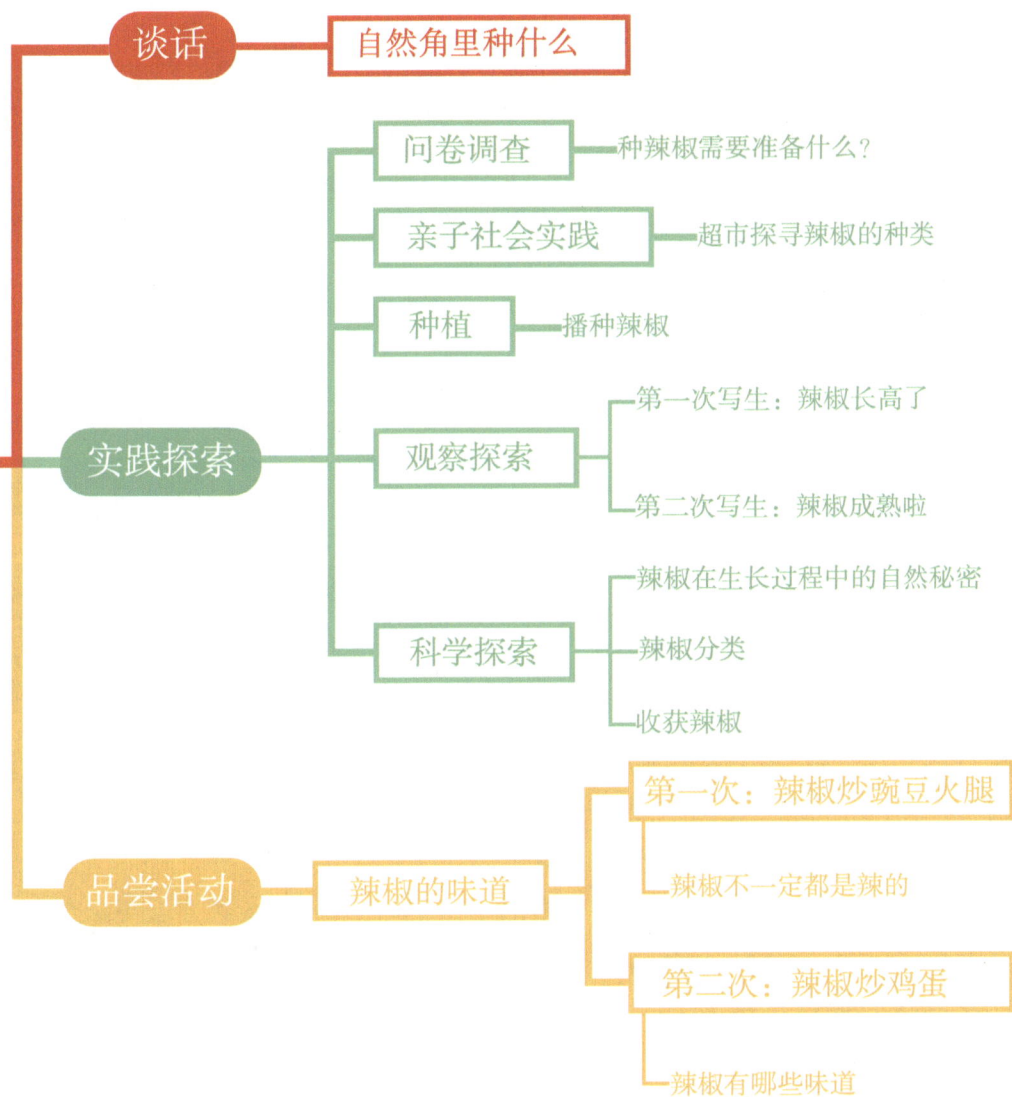

『辣』么奇妙

- 谈话 —— 自然角里种什么

- 实践探索
  - 问卷调查 —— 种辣椒需要准备什么？
  - 亲子社会实践 —— 超市探寻辣椒的种类
  - 种植 —— 播种辣椒
  - 观察探索
    - 第一次写生：辣椒长高了
    - 第二次写生：辣椒成熟啦
  - 科学探索
    - 辣椒在生长过程中的自然秘密
    - 辣椒分类
    - 收获辣椒

- 品尝活动 —— 辣椒的味道
  - 第一次：辣椒炒豌豆火腿
    - 辣椒不一定都是辣的
  - 第二次：辣椒炒鸡蛋
    - 辣椒有哪些味道

项目实施计划

在实施阶段，我们将紧密关注并追随幼儿的兴趣，深入挖掘他们所关心的关键问题。通过这种方式，我们将巧妙地将健康教育、语言培养、科学探索和社会交往自然地融入其中，确保幼儿在愉快的探索过程中全面发展。如表所示。

实施阶段	具体活动
第一阶段：自然角里种什么	谈话活动：自然角里种什么
第二阶段：辣椒的种植工具和材料	亲子活动：超市探寻辣椒的种类 科学活动：辣椒分类 科学活动：辣椒在生长过程中的变化 科学活动：辣椒在生长过程中的自然秘密 美术活动：第一次辣椒写生 —— 辣椒长高了 综合活动：制作辣椒炒豌豆火腿
第三阶段：辣椒成熟啦	美术活动：第二次辣椒写生 —— 辣椒成熟啦 综合活动：收获辣椒 综合活动：制作辣椒炒鸡蛋

典型活动

活动一：种植辣椒 〔谈话〕

活动目标

1. 幼儿能独自种植辣椒，掌握正确的种植方法。
2. 认识种植辣椒的工具。
3. 体验种植的乐趣，乐意参与照顾植物的活动。

活动准备

1. 大盆若干、辣椒苗若干、小铲子工具若干、营养土。
2. 种子发芽的录像。

活动重难点

1. 重点：认识种植辣椒的工具。
2. 难点：幼儿能独自种植辣椒，掌握正确的种植方法。

活动过程

一、认识工具

师：小朋友，种辣椒需要哪些工具和材料呢？我们一起来看看。
教师介绍相关工具和材料。

二、种辣椒

（一）讨论：怎么种辣椒
师：你们知道怎么种辣椒吗？（引导幼儿互相讨论，讲述种植过程）

（二）梳理种植步骤
教师和幼儿共同梳理经验，明确种植方法。
1. 容器里铺上三分之二的营养土。
2. 用小铲子工具挖个小坑。
3. 把辣椒苗根朝下，竖直放进坑里，用土掩埋住根部。

（三）种植辣椒
幼儿分组到适宜的场所进行种植活动，教师进行重点指导，引导幼儿按照正确的步骤进行种植。

三、活动结束

师：我们种好了辣椒，接下来，小朋友们要认真照顾它们哦。

活动反思

在种植辣椒的过程中，幼儿根据老师的提问，都愿意积极参与到种植活动中来，但由于种植数量有限，幼儿存在一定的消极等待现象。教师可增加幼儿对植物的观察，进行多方面的互动，提高幼儿的参与感。

后期，还会开展科学探究类活动——辣椒的变化。

活动实录图

活动二：探秘辣椒

亲子

活动目标

1. 了解超市和菜市场是售卖辣椒的地方。
2. 能够大胆在集体面前讲述自己的购物经历。
3. 体验探秘辣椒的乐趣。

活动准备

1. 经验准备：购物经验。
2. 超市、菜市场图片。

活动重难点

1. 重点：了解超市和菜市场是售卖辣椒的地方。
2. 难点：能够大胆在集体面前讲述自己的购物经历。

活动过程

一、谈话导入

师：你们见过哪些辣椒呢？它叫什么名字？

引导幼儿积极谈论。

二、鼓励幼儿分享

（一）了解售卖辣椒的地方

师：你们在哪里看见过辣椒？辣椒都在哪些地方售卖？

教师出示超市、菜市场的图片，让幼儿了解售卖辣椒的地方。

（二）讲述购物经历

师：你们去超市或菜市场购买过东西吗？怎么买的？谁来说一说？

鼓励幼儿大胆在集体面前讲述自己的购物经历。

三、活动延伸

师：刚才小朋友都说了这么多自己的购物经历，那周末请小朋友和家人一起去超市或菜市场了解认识不同种类的辣椒并进行选购，在上学时带到幼儿园。

活动反思

　　通过对辣椒的探秘，幼儿了解超市和菜市场是售卖辣椒的地方，能够大胆在集体面前讲述自己的购物经历，真正体现了幼儿才是活动的主体。真实的探秘体验，也增加了幼儿探秘辣椒的乐趣。

活动实录图

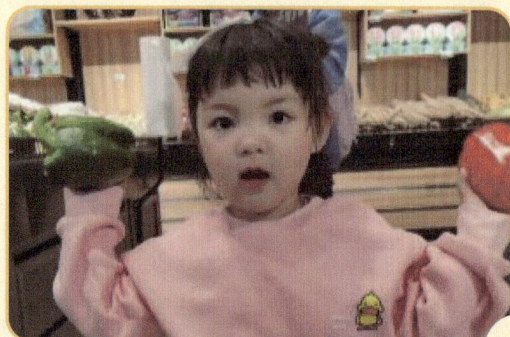

活动三：认识辣椒的种类 科学

活动目标

1. 初步认识各种种类的辣椒。
2. 能够区分各种辣椒的种类及其特征。
3. 喜欢上各种种类的辣椒。

活动准备

1. 物资准备：每位幼儿提前准备不同品种的辣椒。
2. 经验准备：提前请家长和幼儿去了解认识不同品种的辣椒。

活动重难点

1. 重点：能够区分辣椒的种类。
2. 难点：能够区分辣椒的种类及其特征。

活动过程

一、实践体验导入

师：昨天请小朋友们带辣椒，今天大家带来了不同品种的辣椒，我们一起来摸一摸、闻一闻、看一看吧！

二、看图识辣椒

（一）初步认识辣椒

师：请小朋友们说说你们的感受吧！

1. 出示图片：青椒。

师：请小朋友仔细观察图片，说一说辣椒的形状、颜色和种类吧！

教师小结：青椒是由辣椒演化而来的品种，常见的颜色有黄色、绿色和红色。它的辣味其实并不浓烈，甚至根本就不辣，多是当作蔬菜食用。青椒营养价值丰富，含丰富的维生素C。

2. 出示图片：小米椒。

师：请你说一说辣椒的形状、颜色和种类吧！

教师小结：小米椒个体小，未成熟时为淡绿色，成熟时为橙黄色，干的小米椒为红带橙黄色，大红色的则不是该品种。

3. 出示图片：二荆条。

师：请你说一说这幅图片上辣椒的形状、颜色和种类吧！

教师小结：二荆条辣椒，辣椒品种之一。作为川菜的调料之一，不可缺少。豆瓣和榨菜等食品制作时必须用二荆条辣椒作为原料。

4.出示图片：甜椒。

师：请你说一说这幅图片上的辣椒的形状、颜色和种类吧！

教师小结：甜椒是茄科辣椒属的一年生草本植物。茎直立，基部木质化，分枝能力较差。叶卵为圆形或椭圆形，叶面光滑呈绿色。白色花瓣呈辐射状。果实较大，呈灯笼状，表面光滑，皮色有绿色、红色、黄色、白色等。

5.出示图片：螺丝椒。

师：请你说一说这幅图片上的辣椒的形状、颜色和种类吧！

教师小结：螺丝椒是一种辣椒，是一代杂交皱皮椒，耐低温，抗病，节间短，坐果密，果深绿，比同类品种产量高，适宜山东、西北五省和海南等地种植。螺丝椒因为口感较辣，肉质鲜美，深受湖南等地人民的喜爱。

（二）辣椒分类

1.分组分类辣椒。

师：请小朋友们对带来的辣椒进行分类吧，把同一种类型的辣椒放在一起。

2.分组介绍辣椒分类情况。

师：每组请一名小朋友代表介绍分类情况。

3.我来介绍我最爱的辣椒。

再次出示图片，请小朋友介绍辣椒的种类及其营养价值。

三、活动总结

师：我们今天认识了哪几种辣椒呢？回家后告诉爸爸妈妈吧！

小结：初步认识不同品种的辣椒；能够区分各种辣椒的种类及其特征；喜欢上不同品种的辣椒。

活动反思

通过本次活动，幼儿初步认识了不同品种的辣椒，也喜欢上不同品种的辣椒。在区分辣椒种类及其特征方面，教师应给予幼儿更多的探索、观察的时间。在下次活动中，将利用幼儿带来的辣椒制作辣椒美食，让幼儿品尝不同种类的辣椒的味道。

活动实录图

综合

活动四：辣椒的味道（制作美食）

活动目标

1. 初步了解制作辣椒美食的工具。
2. 能够参与到辣椒美食的制作过程中来。
3. 喜欢吃辣椒制作的美食。

活动准备

1. 各种辣椒、午餐肉、豌豆、幼儿刀具、幼儿菜板。
2. 各种烹饪厨具。
3. 制作美食PPT。

活动过程

一、活动导入

引导孩子感知不同的食材，了解它们的特点。

展示食材与烹饪工具，引导孩子认识它们，提高孩子的学习兴趣。

二、参与制作

（一）食材准备

幼儿分组，分工合作清洗食材，在老师的帮助下切好食材。

（二）烹饪美食

1. 倒入适量食用油。
2. 等油热后加入辣椒进行翻炒。
3. 待辣椒炒出香味，加入豌豆和午餐肉丁。
4. 装盘。

（三）品尝美食

请小朋友品尝不同品种的辣椒制作的辣椒美食的味道，并说出感受。

三、活动延伸

师：回家后和爸爸妈妈一起制作一道你喜爱的辣椒美食。

活动反思

在制作辣椒美食的过程中，幼儿的兴致高涨，和老师一起了解制作辣椒美食的工具，大家在老师的引导下，都能够参与到辣椒美食的制作过程中来。尽管有的幼儿不喜欢吃辣，也愿意品尝制作的美食。在下一次活动时，我们将追随幼儿的兴趣，对辣椒的成长进行观察写生记录。

活动实录图

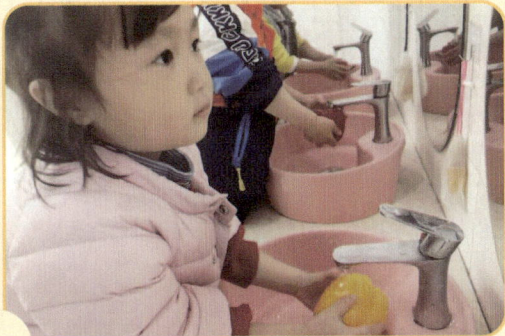

课程评价

课程评价以儿童为中心导向，确保了课程的设计和实施以儿童的需求、兴趣和发展为中心，从而保证了课程的针对性和有效性。依据"善表达、巧创意、健体魄、喜探索、好交往"的项目目标，设置了以下评价表。

评价维度	评价目标	评价任务	评价标准	评价方式
善表达	倾听与表达能力	能表达对辣椒的认识与感受	★★★：能表达对辣椒的认识与感受 ★★：能在老师的提示下，表达对辣椒的认识与感受 ★：不能表达对辣椒的认识与感受	1.观察评价 2.儿童行为参与观察表
巧创意	审美感知力	知道辣椒的种类、颜色等基本特征	★★★：知道辣椒的种类、颜色等基本特征 ★★：在老师提示下知道辣椒的种类、颜色等基本特征 ★：不知道辣椒的种类、颜色等基本特征	1.观察评价 2.儿童行为参与观察表
	审美创造力	能用简单的线条和色彩等表现出观察到的辣椒	★★★：能用线条和色彩等表现出自己观察到的辣椒 ★★：在引导下能用线条和色彩等表现出观察到的辣椒 ★：不能用简单的线条和色彩等表现出观察到的辣椒	1.观察评价 2.儿童行为参与观察表
喜探索	探索精神	能用多感官探索辣椒，仔细观察并发现辣椒的明显特征	★★★：多感官探索辣椒，仔细观察并发现辣椒的明显特征 ★★：在老师提醒下，能仔细观察并发现辣椒的明显特征 ★：不能用多感官探索辣椒，不能仔细观察并发现辣椒的明显特征	1.观察评价 2.儿童行为参与观察表
好交往	社会适应能力	能体验集体探索活动的乐趣	★★★：能体验集体探索活动的乐趣 ★★：在老师引导下，能体验集体探索活动的乐趣 ★：不能体验集体探索活动的乐趣	1.观察评价 2.儿童行为参与观察表

（本课指导老师：刘华梅、任文雯、陈家秀）

"鸡"缘巧合课程

　　幼儿园里的孔雀生了孔雀蛋，中一班的孩子们捡到后，有小朋友提出可以孵小孔雀。孵化以失败告终，孩子们非常失落，总结了原因，原来是孔雀蛋没有受精。孩子们对孵化产生了浓厚兴趣，想要再孵一次。没有了孔雀蛋，孩子们投票决定孵化芦丁鸡。一场关于芦丁鸡的课程正式拉开序幕……

项目意图

　　通过开展孵化芦丁鸡的实践活动，培养孩子对于生命的认知，从而使他们更加热爱自己的生命，更加深刻地理解自己的存在，提高幼儿的自我保护能力，增强幼儿的自我保护意识，同时支持幼儿生成探索兴趣，注重幼儿的参与和实践，让幼儿能够从实践中感知以及体验，掌握一定的知识与技能，增强幼儿的社会责任感，提高幼儿的生活自理能力、社会交往能力等。

项目目标

　　依据《江津区东城幼儿园园本课程方案》中提到的"培养善表达、巧创意、健体魄、喜探索、好交往的儿童为课程目标"，设置了以下项目目标。

总目标	一级目标	二级目标
善表达	倾听与表达能力	1. 能围绕芦丁鸡的特征，用多种表达方式在同伴面前大胆分享自己的发现和观点 2. 认真倾听别人的观点，尊重别人的观点
巧创意	审美感知力	能够主动探索，通过观察发现芦丁鸡的不同颜色
健体魄	运动能力	能在与芦丁鸡相关的游戏中锻炼体魄，提高身体的协调能力和平衡能力
喜探索	探究精神	1. 有探究兴趣，能发现问题 2. 通过探寻芦丁鸡的生命历程，了解生命是有限的，失去了就不会再来
	探究能力	1. 能够利用查阅、咨询、调查等方法尝试解决问题 2. 能对材料进行比较，从中筛选更合适的材料 3. 活动中能够及时进行反思总结，并作出有效调整 4. 能够将所观察到的信息及时地进行记录
好交往	交往能力	1. 能够与小伙伴合作完成观察记录、调查及数据统计与分析 2. 能够对他人和自己作出合理评价 3. 能与小组同学协作完成调查、数据统计与分析

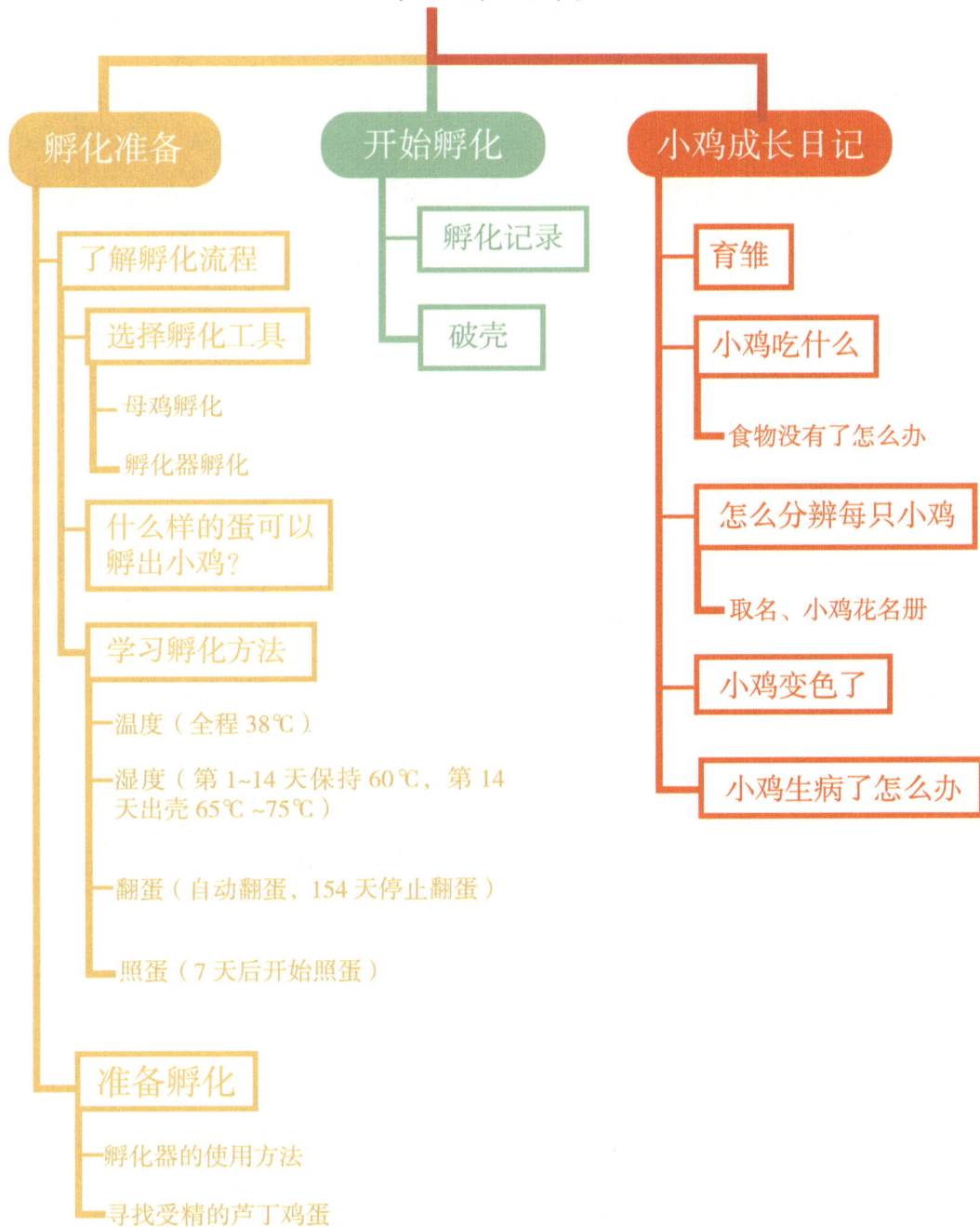

项目框架

"鸡"缘巧合

孵化准备

- 了解孵化流程
- 选择孵化工具
  - 母鸡孵化
  - 孵化器孵化
- 什么样的蛋可以孵出小鸡?
- 学习孵化方法
  - 温度（全程 38℃）
  - 湿度（第 1~14 天保持 60℃，第 14 天出壳 65℃~75℃）
  - 翻蛋（自动翻蛋，154 天停止翻蛋）
  - 照蛋（7 天后开始照蛋）
- 准备孵化
  - 孵化器的使用方法
  - 寻找受精的芦丁鸡蛋

开始孵化

- 孵化记录
- 破壳

小鸡成长日记

- 育雏
- 小鸡吃什么
  - 食物没有了怎么办
- 怎么分辨每只小鸡
  - 取名、小鸡花名册
- 小鸡变色了
- 小鸡生病了怎么办

项目实施计划

　　幼儿活动的实施要追随幼儿兴趣，这不仅是一种教育理念，更是一种教育实践的体现。在幼儿教育中，孩子们的兴趣是他们学习的原动力，是他们探索世界、认识生活的出发点。因此，作为教师，我们应该密切关注孩子们的兴趣点，以此为出发点设计和实施各类活动。如表所示。

实施阶段	具体活动
第一阶段：孵化准备	调查活动：了解孵化流程 调查活动：孵化工具有哪些 实践活动：认识孵化工具 谈话活动：选择合适的孵化工具 实践活动：探索孵化器的使用方法 实践活动：寻找种蛋 社会活动：守护蛋宝宝 科学活动：让蛋浮起来
第二阶段：开始孵化	实践活动：学习孵化方法 实践活动：照蛋、翻蛋 实践活动：观察记录 探究活动：蛋破了 绘本欣赏：《小鸡小鸡快出来》 科学活动：小鸡的秘密 绘本欣赏：《小威向前冲》 美术活动：小鸡真可爱
第三阶段：小鸡成长日记	语言活动：有趣的鸡宝宝 探究活动：芦丁鸡吃什么 音乐活动：喂鸡 体育活动：小鸡吃虫 体育活动：小鸡快跑 探究活动：芦丁鸡住哪里 实践活动：搭建小鸡农场 语言活动：小鸡取名 数学活动：统计 探究活动：小鸡生病怎么办 绘本欣赏：《爷爷变成了幽灵》 实践活动：芦丁鸡可以吃哪些药 美术活动：蛋壳彩绘

典型活动

活动一：《小威向前冲》 阅读

活动目标

1. 通过阅读，初步了解宝宝的由来。

2. 初步学习正确评价自己的能力，培养幼儿不轻易放弃的精神。

3. 运用已有生活经验，根据画面大胆想象、推测并表达自己对故事情节的理解。

活动准备

故事PPT。

活动过程

一、引出绘本《小威向前冲》

师：今天老师给小朋友们介绍一本书。为了让所有小朋友都能看到，我们在大屏幕上一起来看看吧。

出示PPT，提问：书名是什么？看到书名，你觉得小威是怎样的一位小朋友？向前冲的小威是怎样的？

师：到底小威是怎么样的一位小朋友呢？我们一起来听故事吧！

二、故事讲述

师：小威是个怎么样的小朋友？他住在哪里？

小结：现在你认为小威是个棒小孩吧？（是）当然是了，孩子们，只要你们在一个方面是高手，就是棒小孩！

（一）继续讲故事，看PPT

点击PPT地图页面，幼儿集体看地图。

师：你认为小威该怎么走？

（二）继续讲故事

师：（小威游泳比赛的PPT页面）孩子们，你们找一找小威在哪里？你是怎么看出来的？

师：游着游着，小威突然发现他的好朋友小布赶了上来，这时候小威好紧张啊，小朋友们，你们认为这个时候小威应该怎么做？

小结：遇到困难只有努力向前冲，才能获得胜利。

三、观看视频

通过视频，欣赏生命孕育全过程，并继续讲述故事。

师：小朋友们，你们猜猜小娜长大后会是个怎样的女孩？再猜一猜，小娜长大后的头发是什么颜色？

引导幼儿知道自己和爸爸妈妈长得很像，但是和别人长得是不像的。

小结：孩子们，你们和别人不一样的地方越多，说明你们越特别。

四、问题延伸

师：小威到哪里去了？小娜是怎么来的？你们是怎么来的？让我们以后再来一起讨论吧。

活动反思

回顾这次的教学过程，我认为有几个方面值得反思和改进：在引导幼儿思考绘本的意义时，可以更加注重多元化视角，鼓励他们从多个角度解读故事，激发他们的创新思维；在设计教学活动时，可以更多地考虑幼儿的年龄特点和兴趣爱好，使活动更加贴近他们的实际生活经验；对于绘本中的一些复杂情节和抽象概念，教师可以适当进行解释和引导，帮助幼儿更好地理解。

通过这次《小威向前冲》的教学实践，我深刻体会到了绘本故事在幼儿教育中的重要作用。作为教师，我们应该不断探索创新教学方法，让幼儿在轻松愉快的氛围中收获知识、启迪智慧。

活动实录图

活动二：小鸡真可爱

美术

活动目标

1.通过观察小鸡，让幼儿说出小鸡的外形特征。

2.通过儿歌尝试激发幼儿的绘画兴趣，让幼儿爱绘画、爱动口、爱动脑。

3.提高幼儿身体的协调能力，让幼儿体验玩游戏的乐趣。

活动准备

实物小鸡、彩色蜡笔、绘画纸、小鸡的头饰若干。

活动过程

一、通过观察小鸡，培养幼儿与它的感情

师：今天天气真好，老师请来了一位可爱的小客人，请小朋友们都来看看它，欢迎它，好吗？（引导幼儿和芦丁鸡打招呼，尝试与小鸡交流，喂小鸡，让幼儿对小鸡产生感情）

二、简述芦丁鸡的外形特征

师：芦丁鸡长着圆圆的头，有椭圆形的身体，身体下长有两条腿，脚趾尖尖的，头上长有两只小眼睛，嘴巴尖尖的，喜欢吃米粒和小虫。

三、听故事，引入绘画活动

师：小朋友们，现在老师讲一个小鸡的故事，小朋友们一定要认真听哦。

故事：春天来了，花儿开了，草儿绿了，小溪在哗哗地唱歌。一天，小鸡从蛋壳里钻出来了，一只，两只，三只，它们睁开眼睛，东瞧瞧，西看看，望望天，又啾啾地叫。三只小鸡都像毛茸茸的小球，可爱极了，它们在草地上跑来跑去。咦，玩着玩着，最小的小鸡不小心走丢了，它到处都找了，可是就是找不到……

师：小朋友们，我们的小客人找不到它的哥哥姐姐了，它想请小朋友们帮它画一些画作为它的哥哥姐姐的照片，做广告启事帮它寻找哥哥姐姐，小朋友们愿不愿意帮小鸡呀？

师：那小朋友们先说说小鸡的样子吧？小鸡长什么样子呢？（引导幼儿说出小鸡的外形特征）

师：哦，小朋友们说得真好，让老师来给小朋友们画一幅小鸡的照片吧。（老师一边说儿歌，一边绘画）

幼儿边跟着唱儿歌边画画，老师引导幼儿动手。

"身体像颗蛋，眼睛亮又圆，嘴儿尖尖在前面，叽叽叽，看见虫儿叫得欢。"

师：现在我们把小鸡的哥哥姐姐的照片贴到广告栏去帮小鸡寻找哥哥姐姐好吗？

四、活动结束

师：今天我们画小鸡的哥哥姐姐的照片做广告，帮小鸡寻找它的哥哥姐姐，你们开心吗？那我们戴上小鸡的头饰扮演小鸡，拿起照片去贴广告吧。

活动反思

活动的导入部分我设计得较为生动有趣。我通过讲述一个关于小鸡的故事，激发了他们对小鸡的兴趣。通过直接观察芦丁鸡，我引导幼儿观察了解小鸡的形态特征，为后续的绘画活动做了铺垫。

在绘画环节，我注重培养幼儿的观察力和创造力。我鼓励幼儿根据自己的观察和理解，自由发挥。同时，针对幼儿的不同绘画水平，给予了适当的指导和帮助。

活动过程中也存在一些不足之处。首先，我在活动准备上可能不够充分，部分绘画材料的质量不够理想，影响了幼儿的绘画体验。其次，在活动时间的安排上可能稍显紧凑，导致部分幼儿在完成作品时显得有些匆忙，影响了作品的质量。

活动实录图

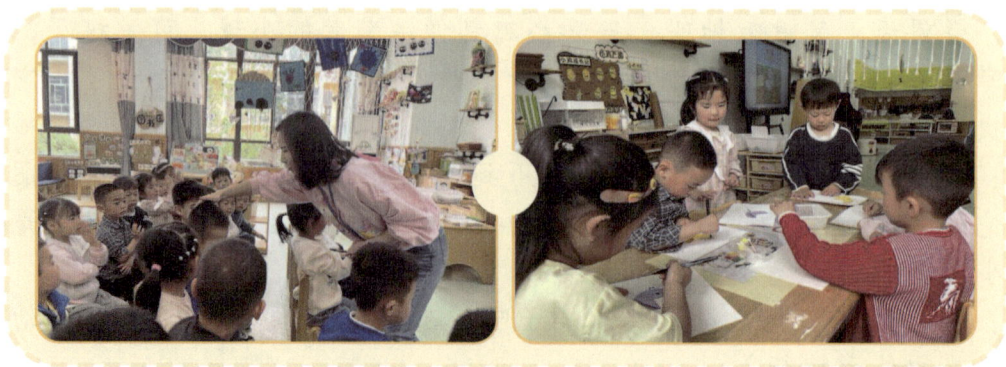

活动三：小鸡取名

语言

活动目标

1. 能根据自己的观察，说出小鸡的特点。
2. 愿意大胆尝试，并与同伴分享心得。

活动准备

勾线笔、记录名字的白纸。

活动过程

一、谈话活动

师：小鸡宝宝出生了，毛茸茸的，大家喜欢吗？可是小鸡太多了，我们都分不清哪只是哪只。我们能不能给小鸡宝宝起一个好听的名字呢？

请小朋友来分享自己想给小鸡起的名字。

二、记录名字

幼儿进行自由观察和组队，运用绘画的方法做记录。

活动反思

通过观察小鸡的特点，他们学会了细心观察事物，并用语言描述自己的发现。在取名环节，他们的创意和表达能力也得到了很好的锻炼。部分幼儿在活动开始时有些害羞，不愿意分享自己的想法，应该更多地鼓励他们。在未来的活动中，应该更加注重幼儿的参与度，努力营造一个轻松愉快的氛围，让每个幼儿都能自由表达自己的想法。同时，加强对幼儿观察力的引导，帮助他们发现事物的更多细节。

活动实录图

活动四：统计

数学

活动目标

1. 学会进行简单的分类统计。
2. 用语言描述分类的过程和结果。
3. 发展幼儿的逻辑思维能力。

活动准备

1. 幼儿给小鸡起名的操作单。
2. 操作材料每人一份。

活动过程

一、故事导入，激发幼儿兴趣

（一）教师回顾情境

师：之前我们的小鸡宝宝出生了，经过大家的讨论，我们给小鸡宝宝起了这么多好听的名字，需要一起来整理一下，选出数量最多的名字送给小鸡。

（二）教师演示操作方法

幼儿把小鸡名字分类整理后填入统计表

要求：在统计表的右上方填上自己的号数。

师：你整理了多少个操作单？（要求用完整句式表述）

二、统计得票数较高的小鸡名字

师：小朋友，在这些名字中你最喜欢哪个？

师：大家讲了这么多我也记不住，怎样让老师一看就知道哪个名字全班喜欢的人最多呢？

幼儿讨论：用什么方法让别人一看就知道每个名字有多少人喜欢呢？

三、提供表格给幼儿统计记录

要求：先分工再统计。先在统计表上填上第几组，再统计出人数最多的一组。

四、师幼汇总

结合统计情况简单小结。

活动延伸

1.在数学区提供各类玩具、图片等材料，让幼儿继续进行分类统计。

2.鼓励幼儿对家里感兴趣的实物进行分类统计，并带到幼儿园交流。

活动反思

数学来源于生活，生活离不开数学。本次活动中，教师能够较好地体现《幼儿园教育指导纲要（试行）》和《3~6岁儿童学习与发展指南》的理念。活动贴近幼儿生活，从幼儿实际出发，引导幼儿从生活经验入手，在丰富多彩的操作活动中体验数学的乐趣，使幼儿在探索中发现问题、解决问题、获得知识、建构经验。

整个活动过程自然、流畅。教师在活动环节的设计上层层递进、环环相扣，符合大班幼儿的年龄特点和发展需要。教师能够及时捕捉幼儿的闪光点并给予充分的肯定和鼓励，注重对幼儿学习品质的培养。同时为幼儿创设了良好的师幼互动环境，引导幼儿主动探究、积极思考、动手操作和充分表达，让幼儿真正成为了学习的主人。

活动实录图

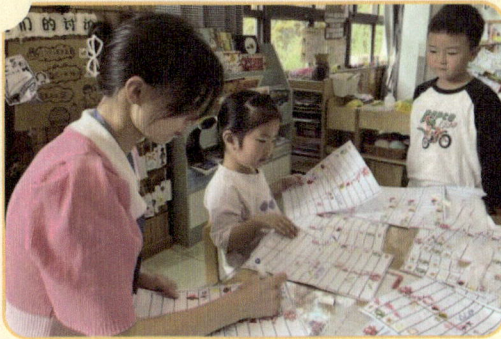

课程评价

课程评价可以展示幼儿园教育的有效性与价值，促进家校合作，共同关注儿童的成长和发展。依据"善表达、巧创意、健体魄、喜探索、好交往"的项目目标，设置了以下评价表。

评价维度	评价目标	评价任务	评价标准	评价方式
善表达	能将自己观察到的不同孵化工具、小鸡特点，大胆地和小伙伴们进行分享	在谈话活动"选择合适的孵化工具""小鸡取名"中，能够根据老师的问题进行仔细观察，并完整、清楚地表达自己观察到的信息	★★★：在集体环境中能认真听他人说话，能够根据实践活动的情况总结信息，能完整、清楚和连贯地表达 ★★：通过提醒在集体环境中能认真听他人说话，较完整、清楚、连贯地表达 ★：在实践活动中不能大胆表达自己的想法，不能完整、清楚、连贯地表达	观察评价，通过与幼儿一起讨论，教师观察幼儿的表达情况并进行评价
巧创意	能在自己观察到的小鸡特点的基础上，进行创意绘画创作	在美术活动"小鸡真可爱"中，能够根据老师的问题进行仔细观察，将观察到的小鸡画下来	★★★：能在集体活动中仔细观察，能够根据观察到的情况总结信息，进行有创意的绘画 ★★：能在集体活动中仔细观察，能够根据观察到的情况总结信息，进行绘画 ★：在老师帮助下进行绘画	作品评价，通过作品分享以及活动中的绘画情况对幼儿进行评价
健体魄	1.知道正确的锻炼方法 2.坚持使用正确的方法进行锻炼	1.通过谈话让幼儿知道正确锻炼的方法 2.根据正确的锻炼方法坚持锻炼	★★★：能够完整说出正确锻炼的方法。能够用正确的锻炼方法进行锻炼，主动参加活动 ★★：幼儿在老师提示下能够说出正确的方法，且在提示下能用正确的方法进行锻炼 ★：幼儿不知道正确锻炼的方法，通过提醒能基本按照正确的锻炼方法进行锻炼	在与芦丁鸡相关的体育活动中，根据幼儿的活动情况来进行评价

续表

评价维度	评价目标	评价任务	评价标准	评价方式
喜探索	在孵化芦丁鸡的探究过程中提出自己的探究问题	对孵化芦丁鸡进行探究，根据"孵化工具有哪些"的调查表进行观察并提出自己的疑惑	★★★：能够主动积极地进行调查，寻找多种孵化工具 ★★：在引导下能够进行调查，寻找孵化工具 ★：在别人的帮助下进行调查，寻找孵化工具	通过分析幼儿调查表，以及观察幼儿寻找孵化工具的方式进行评价
	能比较、观察较细微的联系，能对比较的信息进行加工，从中归纳总结	能够根据不同的孵化工具对孵化的过程进行比较分析，得出相关信息，能够用图画、符号记录并大胆表达	★★★：能细致观察对比不同孵化工具的孵化过程，能注意到相关信息，能根据总结信息合理表达，选择更适合自己任务的孵化工具 ★★：在集体环境中能认真听他人说话，较清楚地根据总结信息合理表达 ★：不能大胆表达自己的想法，不能较为细致地对孵化工具进行比较观察	通过观察幼儿的表现、问答情况进行评价
好交往	1.充满自信地完成各项孵化小鸡、照顾小鸡的探究活动 2.能够与同伴合作完成观察、调查和制作的任务 3.愿意协助同伴完成项目中的活动	1.通过社会实践调查相关孵化工具和孵化方法 2.学习合作完成孵化工具、孵化方法的调查，了解、共同探讨制定孵化过程中的注意事项	★★★：能与同伴友好分工合作，共同完成任务，遇到困难互帮互助，发生冲突时尝试协商解决。愿意为集体想办法、出主意、做事情 ★★：有一定的分工合作的经验与意识，在同伴积极的影响下愿意去完成孵化小鸡、照顾小鸡的探索 ★：在别人的帮助下愿意去完成孵化小鸡的探究活动，在别人的要求下愿意分工合作	通过观察幼儿有无责任意识、主动解决问题的意识以及家长反馈进行评价

（本课指导老师：魏小燕、陈瑶、黄建敏）

米花糖的故事课程

　　在分享米花糖的时候，孩子们都津津有味地品尝起来。这时候，阳阳说："米花糖真香真甜，真好吃！"紧接着，欣欣说："吃起来还是脆脆的噢！"旁边的鸣鸣还说："米花糖吃起来黏黏的，都粘在我牙齿上了！"这时候，老师提问："米花糖为什么吃起来会是香甜、酥脆的呢？"孩子们开始观察起米花糖并讨论起来。

　　阳阳："可能是因为放了白糖，所以是甜甜的味道。"
　　辰辰："里面有花生和大米，所以吃起来脆脆的！"
　　就这样，孩子们对米花糖的制作材料产生了好奇，一个个疑问也慢慢产生，一场关于米花糖的探秘也就此开始了……

项目意图

《教育部关于大力推进幼儿园与小学科学衔接的指导意见》中提出：坚持儿童为本。关注儿童发展的连续性，尊重儿童的原有经验和发展差异；关注儿童发展的整体性，帮助儿童做好身心全面准备和适应；关注儿童发展的可持续性，培养有益于儿童终身发展的习惯与能力。结合这一教育原则，本园以当地特色美食"米花糖"为项目引领，通过将再现式教学转化为探究式学习，从而促使幼儿在动手操作中培育创新能力，发展合作意识，实现个体深度学习，有效实践科学的幼小衔接。

项目目标

依据《江津区东城幼儿园园本课程方案》中提到的"培养善表达、巧创意、健体魄、喜探索、好交往的儿童为课程目标"，设置了以下项目目标。

总目标	一级目标	二级目标
善表达	倾听与表达能力	在围绕"米花糖"话题的讨论中，能够积极分享自己的猜测，并较为连贯地表达
	阅读能力	通过阅读《大米变变变》绘本，能说出绘本主要内容，并发表自己的看法
巧创意	审美感知力	借助各种米花糖的包装设计，能够在其中感知材质、颜色、搭配和文字的美
	审美情感力	喜欢欣赏各式各样的米花糖包装，愿意和同伴分享自己对于美的感受
	审美创造力	能认真思考，大胆想象，设计出具有美感和特色的米花糖包装
喜探索	探究精神	对于家乡特色美食"米花糖"的制作工艺有着持续的探究兴趣
	探究能力	借助观察和动手操作，不断解决制作过程中出现的问题，获得制作米花糖的经验

项目框架

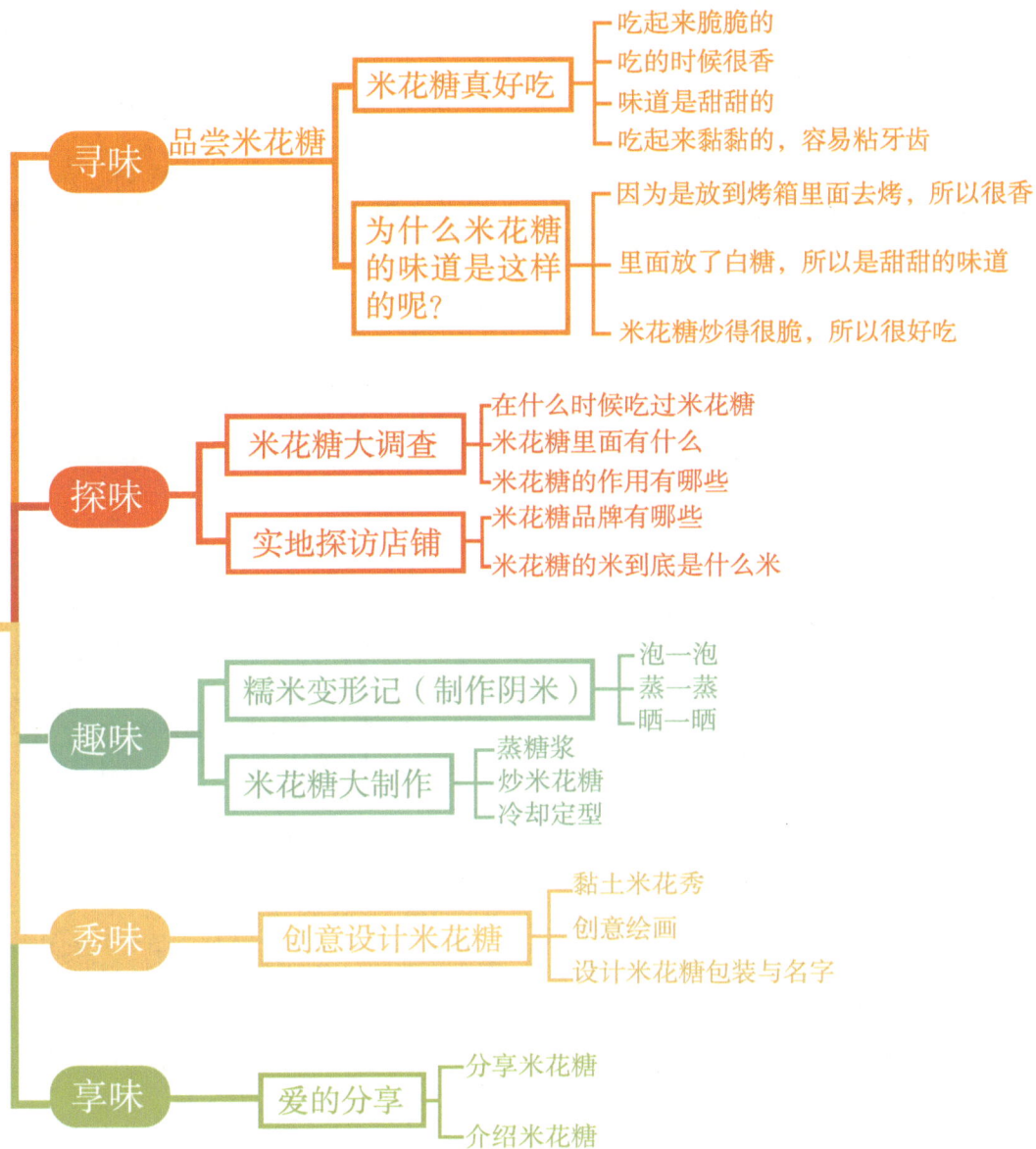

米花糖的故事

寻味 —— 品尝米花糖
- 米花糖真好吃
  - 吃起来脆脆的
  - 吃的时候很香
  - 味道是甜甜的
  - 吃起来黏黏的，容易粘牙齿
- 为什么米花糖的味道是这样的呢？
  - 因为是放到烤箱里面去烤，所以很香
  - 里面放了白糖，所以是甜甜的味道
  - 米花糖炒得很脆，所以很好吃

探味
- 米花糖大调查
  - 在什么时候吃过米花糖
  - 米花糖里面有什么
  - 米花糖的作用有哪些
- 实地探访店铺
  - 米花糖品牌有哪些
  - 米花糖的米到底是什么米

趣味
- 糯米变形记（制作阴米）
  - 泡一泡
  - 蒸一蒸
  - 晒一晒
- 米花糖大制作
  - 蒸糖浆
  - 炒米花糖
  - 冷却定型

秀味
- 创意设计米花糖
  - 黏土米花秀
  - 创意绘画
  - 设计米花糖包装与名字

享味
- 爱的分享
  - 分享米花糖
  - 介绍米花糖

项目实施计划

在设计活动时，教师应该充分考虑孩子们的兴趣点，尽可能地将这些兴趣点融入活动中。这样，孩子们在参与活动时，就会更加积极、主动，更加投入。同时，活动的设计也要具有层次性和挑战性，以满足不同孩子的发展需求。如表所示。

实施阶段	具体活动
第一阶段：品尝米花糖	品尝活动：米花糖真好吃 谈话活动：米花糖的味道
第二阶段：米花糖大调查	谈话活动：我了解的米花糖 健康活动：米花糖本领大 实践活动：米花糖里有什么、米花糖的品牌 美术活动：多味米花糖 谈话活动：米花糖的米是什么米？
第三阶段：糯米变形记（制作阴米）	探究活动：认识糯米和阴米 谈话活动：糯米怎样变成阴米？ 讨论：制作阴米时，每个小组分别负责哪些工作？ 科学活动：糯米变变变（泡糯米） 探究活动：蒸一蒸（蒸制泡过的糯米） 讨论：蒸好的糯米变大、变小还是没有变？ 探究活动：糯米变变变（晒糯米） 讨论：快要晒干的糯米有虫子飞进来怎么办？ 探究活动：第三次晒糯米 记录活动：晒糯米的方法
第四阶段：米花糖大制作	谈话活动：阴米怎么做成米花糖？ 实践活动：准备制作米花糖的材料 劳动活动：一起来做米花糖 讨论：米花糖不粘黏、设计造型很难的原因 劳动活动：再次制作米花糖 记录活动：熬制糖浆的方法 社会活动：米花儿香
第五阶段：创意设计米花糖	谈话活动：米花糖的名字、包装怎样设计？ 社会活动：从前的米花糖（包装与设计） 实践活动：我们的米花糖设计 谈话活动：确定米花糖的包装与设计 社会活动：米花儿香
第六阶段：爱的分享	数学活动：米花糖一样多 分享活动：介绍并分享米花糖

典型活动

活动一：米花糖的味道 谈话

活动目标

1. 知道米花糖的味道特点。

2. 能够在观察和品尝米花糖的过程中独立思考，发现其香、甜、酥、脆的特点。

3. 感受米花糖特有的口感，体会品尝美食的乐趣。

活动准备

米花糖若干。

活动过程

一、活动导入

师：小朋友们，早上好呀！今天，老师这里有许多的美食，你们想不想尝一尝呢？咦，这些美食是什么呢？米花糖。对啦，这就是昨天大家带来的米花糖。接下来，老师请大家一起来品尝我们美味的米花糖！

二、品尝米花糖

（一）幼儿品尝米花糖，教师进行提问

师：小朋友们，刚刚我们品尝了米花糖，那你们觉得米花糖吃起来是什么样的感觉，有什么样的味道呢？老师听到小朋友说在吃米花糖的时候，嘴巴和牙齿上都会粘上米花糖，所以米花糖吃起来是黏黏的，还有的小朋友说米花糖吃起来是甜甜的、脆脆的，看来小朋友们都有在认真品尝！

（二）教师小结米花糖的味道特点

师：小朋友们，刚刚我们的阳阳说米花糖吃起来是黏黏的，老师也发现，当我们在吃米花糖时，嘴巴里就会变得黏糊糊的，而且这时候的米花糖会带来一种酥酥的感觉，像小饼干一样！所以，我们的米花糖吃起来就有香、甜、酥、脆的味道！

（三）根据米花糖的味道再次提问，引发幼儿的思考

师：小朋友们，那你们知道为什么米花糖吃起来会有香、甜、酥、脆的感觉吗？我请大家先认真观察一下米花糖，然后用小脑袋想一想，

有答案的小朋友可以举手告诉老师噢！

师：听完大家的分享，老师了解到小朋友总结的原因有米花糖里加了白糖，所以吃起来是甜甜的、香香的感觉。米花糖里面还可能加了面粉，所以就像小饼干一样，吃起来是酥酥的、脆脆的！看来每位分享的小朋友都有在认真思考，老师觉得大家说得都很有道理。

三、活动延伸

师：那小朋友们，今天我们就带着这个问题去找一找答案，看看美味的米花糖里面到底有什么呢？回家以后，记得和爸爸妈妈、爷爷奶奶一起查找资料。明天上学的时候，老师会请小朋友来进行分享，说说你的发现。

活动反思

在活动中，教师的追问不够到位，没能调动幼儿的已有经验，促进幼儿深入地思考。例如，幼儿在分享"米花糖的味道"时，有的幼儿分享吃起来是甜甜的、黏黏的，这时候教师没能很好地抓住教育契机，从米花糖的制作材料来进行讨论，此处体现了教师的追问不到位。教师应该继续追问：那你觉得米花糖为什么吃起来有这样的味道呢？通过继续追问，一方面是调动了幼儿的思考，另一方面是挖掘出新的兴趣点，推动了后面活动的进程。

除此之外，教师对于幼儿的分享评价得不够到位。教师的评价点比较宽泛、不够聚焦。而这一点，不利于幼儿从中获得对于米花糖新的认知，同时也不能够让幼儿从中获得自信。因此，教师应该从"观察得很仔细""平时对米花糖的了解很丰富""总结得很到位"等多个方面展开评价，借助具体详细的反馈，帮助幼儿巩固对于米花糖的经验。

活动实录图

活动二：糯米变变变

科学

活动目标

1.知道糯米和阴米的关系，感知糯米泡水后的变化。

2.能够根据已有经验来猜测不同水温中糯米的变化，学会泡糯米的方法。

3.体验糯米泡水活动的乐趣，萌发乐于探索的意识。

活动准备

1.一包糯米、三个透明的瓶子、不同温度的水。

2.幼儿之前有过相关科学实验的活动经历。

活动过程

一、问题导入

师：小朋友们，上次我们知道了制作米花糖的主要材料是阴米。那老师想问问你们，阴米是由什么做的呢？

师：所以阴米是用糯米制作成的，而糯米制作阴米的第一步就是要泡一泡。

二、糯米变阴米

（一）出示瓶子、糯米实物并进行提问，幼儿分享

师：刚刚我们说糯米变成阴米的第一步是要泡一泡。那小朋友们，你们看这里有之前大家确定的0℃、50℃和100℃的水，旁边还有三个透明的瓶子，那我们要怎样泡糯米呢？我请小朋友来分享一下。

（二）再次提问，幼儿猜测和记录

师：小朋友们，现在我们知道了泡糯米的方法。那老师想问你们一个问题，糯米分别泡在冷水、温水和热水的三个瓶子中，它们会变成什么样子呢？

教师引导幼儿将自己的猜测结果用颜色笔记录下来。

（三）进行操作，教师在一旁观察指导

在这里，教师主要观察幼儿是否学会了泡糯米的方法。

（四）幼儿分享操作中的新发现

师：现在我们的糯米已经分别泡在了冷水、温水和热水里面。可是

有的小朋友发现这三个瓶子、糯米以及水的高度都是一样的，所以大家不容易分辨出来哪个是热水泡的，哪个是冷水泡的。出现这种情况，大家有没有想到好的办法来辨别泡有不同温度的水的糯米瓶呢？刚刚我听到有小朋友说给三个瓶子写上数字，嗯，这是一个办法。下面，我们就来试一试吧！

三、活动结束

师：小朋友们，今天的科学操作到这里就结束了。等下一次，我们再来一起看看糯米变阴米的其他步骤。

活动反思

在本次的科学活动中，幼儿的参与度比较低。因此，教师需要用简短、凝练的语言来向幼儿讲解相关的知识，然后把充裕的时间留给泡糯米的科学实验。在这个实验中，教师要多请幼儿来思考、观察和操作。通过提问能够更好地了解幼儿的想法，从而推动下一个环节的开展。

本次活动中，材料的准备比较充足。例如，泡糯米的容器比较大，有足够的数量，便于幼儿去观察。另外，糯米的数量也比较充足，能够让幼儿展开操作，在亲身体验的过程中获得泡糯米的经验。

活动实录图

社会

活动三：米花儿香

活动目标

1. 了解家乡米花糖的不同品牌和民俗歌曲。

2. 能够通过聆听音乐和认真观察来分享歌词内容和自己了解到的米花糖品牌。

3. 感受米花糖身上独特的历史记忆，体验"米花儿香"的游戏。

活动准备

1. PPT 课件、米花糖实物。

2. 幼儿之前对米花糖有一定的了解。

活动过程

一、歌曲导入

师：小朋友们，上次我们观察了米花糖的米。现在，老师又带来了一首关于米花糖的民俗歌曲，它的名字叫作《荷包里有个糖》。接下来，我们一起来听一听吧！

二、米花糖游戏

（一）教师提问，幼儿分享

师：小朋友们，刚刚我们听了关于米花糖的民俗歌曲，那你们发现歌词里都唱了什么呀？哦，老师听到大家说歌词里的小朋友很喜欢吃米花糖，所以都流口水了。看来，大家听得都很仔细！

（二）师幼一起歌唱

师：小朋友们，因为这首歌曲是家乡民间的歌曲，也叫作民间歌曲，所以我们可以用家乡的方言来唱一唱这首歌曲哦！

（三）了解以前的米花糖

师：小朋友们，快看这几张图片，这是以前的米花糖店铺，在当时米花糖就很受大家的喜爱。而现在，米花糖变成了家乡著名的特色美食。

（四）展开米花儿香的游戏

师：刚刚，我们了解了米花糖的歌曲，现在老师这里有一个关于米花糖的游戏，我们一起来当小米花玩一玩吧！

教师讲解游戏规则并示范，随后展开游戏。

三、活动结束

师：今天我们了解了米花糖的来源，体验了米花糖的游戏。在下次活动时，我们还可以找找关于米花糖的绘本，到时候可以和大家进行分享噢！

活动反思

教师在准备家乡米花糖的历史内容时，找到的文字过多，内容没有根据幼儿学习的特点进行调整。因此，整个活动看起来就是教师讲述得多，幼儿聆听得多。在这一点上，就体现出教师的课前准备不足。对于中班幼儿而言，更多的还是具体形象思维，所以学习内容的体现应以图片和简单的文字为主。

活动中准备的童谣和游戏比较适宜有趣。通过看视频、聆听童谣、体验米花儿香游戏，更好地激发起幼儿了解家乡米花糖的愿望。

活动实录图

活动四：一起来做米花糖 劳动

活动目标

1. 了解阴米变成米花糖的步骤，知道制糖的方法。

2. 能够在观察和操作的过程中学会制作米花糖并解决遇到的问题。

3. 体验与集体共同制作米花糖的乐趣，萌发"积极探索米花糖"的意识。

活动准备

1. PPT、厨房用具。

2. 幼儿之前有了解过米花糖制作的一些方法。

活动过程

一、问题导入

师：小朋友们，上一次我们将晒好的糯米用锅炒一炒，就得到了阴米。今天，我们就要用阴米来制作米花糖啦！那在制作之前，老师想问大家一个问题，我们的阴米是怎么制作成米花糖的呢？

师：刚刚老师听到了很多答案，有的小朋友说需要再炒一次阴米，还有的小朋友说要煮糖开水才能做出米花糖。那到底是怎样的步骤呢？接下来，让我们在视频中找找答案吧！

二、制作米花糖

（一）教师播放制作米花糖的视频，幼儿观察

师：小朋友们，小眼睛仔细看噢，看看视频中的阴米是怎样变成米花糖的？阴米变成米花糖要用到哪些用具、哪些配料？

（二）幼儿展开分享

师：看完视频，你们发现阴米是如何做成米花糖的呢？来，我请一位小朋友分享一下。

（三）教师讲解规则，幼儿聆听

师：过会儿，老师要请小朋友们用阴米来做米花糖了。在制作米花糖的时候，大家要注意安全，保护好自己！不能把手放在离锅很近的地方，也不能随处乱摸。另外，老师还要请一位小朋友来当记录员。记录员的小任务就是把阴米变成米花糖的过程给画下来哦！

（四）幼儿进行操作，教师在一旁观察指导

教师对幼儿的行为或表现进行及时的关注和引导，注意幼儿的安全。

（五）品尝美食，分享快乐

师：小朋友们，通过你们的努力，我们的美食米花糖就做好啦！现在请小朋友们开始品尝吧！

三、活动小结

教师回顾总结并对幼儿的表现给予肯定。

师：今天，我们不仅了解了阴米变成米花糖的制作方法，同时还学会了熬制糖浆，大家的表现都很棒哦！等下次活动，我们再去看看米花糖还可以做些什么呢？

活动反思

在最开始的活动导入环节，通过直接抛出问题"阴米是怎样制作成米花糖"，一方面是调动幼儿的已有经验，另一方面是直接引出主题，调动了幼儿的兴趣，有效推动了后面活动的进程。

整个活动环节比较清晰和流畅，其中有体现以幼儿为主体性的原则。除此以外，又保证足够充裕的时间来让幼儿进行思考和探索。

当幼儿进一步了解了米花糖的制作方法时，教师便花大量时间讲解了制作米花糖的安全注意事项。长时间讲解，不利于幼儿快速地吸收与理解重要的内容，同时还可能让幼儿的注意力变得分散起来。因此，应该用简单明了的语言来表达。

教师的总结不到位。有的幼儿说需要再炒一次阴米，还有的幼儿说要煮糖开水才能做出米花糖。教师只是先让幼儿在视频中寻找答案，却没有帮助整理和归纳答案。此处，幼儿对于制作米花糖的经验没能得到有效的建构。

活动实录图

课程评价

课程评价可以作为幼儿教育研究的依据，帮助研究者了解幼儿教育领域的现状与问题。依据"善表达、巧创意、健体魄、喜探索、好交往"的项目目标，设置了以下评价表。

评价维度	评价目标	评价任务	评价标准	评价方式
善表达	1.在围绕"米花糖"话题的讨论中，能够积极分享自己的猜测，并较为连贯地表达 2.能够说出《大米变变变》绘本的主要内容，并结合经验表达自己的看法	1.在品尝、观察以及亲自制作米花糖的过程中，分享其口感、外形特征、制作材料和方法 2.通过阅读《大米变变变》绘本，从而了解糯米制作的食物，并说出大致的内容	★★★：幼儿能够在独立思考下积极分享米花糖的口感、特征、制作材料及方法，同时还能表达绘本故事的主要内容 ★★：幼儿能够在老师的提示下分享米花糖的口感、特征、制作材料及方法，同时还能表达绘本故事的主要内容 ★：幼儿不能表达对米花糖口感、特征、制作材料及方法的发现，同时也不能表达出绘本故事的大致内容	1.观察评价 2.儿童行为参与观察表
巧创意	1.借助各种米花糖的包装设计，能够在其中感知材质、颜色、搭配和文字的美 2.喜欢欣赏各式各样的米花糖包装，愿意和同伴分享对于美的感受 3.大胆想象，设计出具有美感和特色的米花糖包装	1.观察多种米花糖的包装，从而欣赏不同设计之间所带来的美 2.能够在设计米花糖包装的过程中，呈现出具有独特性和美感的创作内容	★★★：能够在欣赏中发现不同米花糖包装设计的美，且设计出具有独特性和美感的包装袋 ★★：对于多种米花糖包装设计所呈现的美感受较弱，设计出的内容创意性不够 ★对于多种米花糖的包装设计观察较浅，制作包装袋时没有创意设计	1.观察评价 2.儿童行为参与观察表

续表

评价维度	评价目标	评价任务	评价标准	评价方式
喜探索	1.对于家乡特色美食米花糖的制作工艺有着持续的探究兴趣 2.借助观察和动手操作，不断解决制作过程中出现的问题，获得亲手制作米花糖的经验	1.对于米花糖的原材料、如何制作米花糖有强烈的好奇心和探索欲 2.借助体验的方式，解决米花糖制作过程中遇到的问题，学会米花糖的制作方法	★★★：能知晓米花糖的主要原材料是糯米，深入了解"泡、蒸、晒、炒"一系列制作米花糖的流程，获得制作经验 ★★：大概知道米花糖的原材料有糯米，对于"泡、蒸、晒、炒"一系列制作米花糖的流程不太清晰，获得部分的制作经验 ★：对于米花糖的原材料不太了解，对于一系列制作米花糖的流程不熟悉，获得很少的制作经验	1.过程评价 2.儿童行为参与观察表

（本课指导老师：刘永敏、余慧莲）

牙牙乐课程

一天，欣欣小朋友的一颗门牙掉了，欣欣惊讶地跟老师和小伙伴们分享这个消息，孩子们围绕着牙齿兴奋地讨论起来了。

潇潇："我的牙齿一颗也没有掉，但是有一颗烂牙。"

子博："我的牙齿掉了两颗，但是又有新的牙齿长出来了。"

小雅："我有一颗牙齿也要掉了。"

虞永平教授提出课程是动态生成的，它生成于师幼互动之中，是幼儿与外界环境互动之中、是幼儿自主思考之中生长起来的。为深入探究牙齿，我和孩子们针对牙齿问题一起讨论了起来。

项目意图

　　《幼儿园入学准备教育指导要点》提出幼儿园应充分理解和尊重幼儿学习方式和特点，把入学准备教育目标和内容要求融入幼儿园游戏活动和一日生活，支持幼儿通过直接感知、实际操作和亲身体验等方式积累经验，逐步做好身心各方面的准备。

　　为科学做好幼小衔接，在实践中，我园坚持从全面准备、把握重点和尊重规律的方向出发，紧密联系幼儿生活，挖掘幼儿兴趣点，开展以问题驱动为导向的探究活动。换牙是每个孩子都必须经历的过程，大班的许多幼儿都已经开始换牙。我抓住这一契机，开展解决牙齿的疑惑、探究保护牙齿方法、搭建牙科医院等系列活动，通过探究式学习提升幼儿学习品质，科学规划做好入学准备，帮助幼儿做好身心、社会和生活准备。

项目目标

　　依据《江津区东城幼儿园园本课程方案》中提到的"培养善表达、巧创意、健体魄、喜探索、好交往的儿童为课程目标"，设置了以下项目目标。

总目标	一级目标	二级目标
善表达	倾听与表达能力	能依据探索的现象作出自己合理的解释
健体魄	生活习惯和生活能力	知道牙齿的种类、功能 知道牙齿掉落的原因 知道保护牙齿的方法 坚持早中晚用正确的方法刷牙 有保护牙齿的良好意识
喜探索	探究精神	对牙齿的探究提出自己的探究问题
	探究能力	能观察比较细微的联系（如牙齿的形状与功能的关系） 能对比较的信息进行加工，从中归纳总结
好交往	自我发展	充满自信地完成各项牙齿探究活动
	社会交往	能够与同伴合作完成观察、调查和制作任务 愿意协助同伴完成项目中的活动

项目框架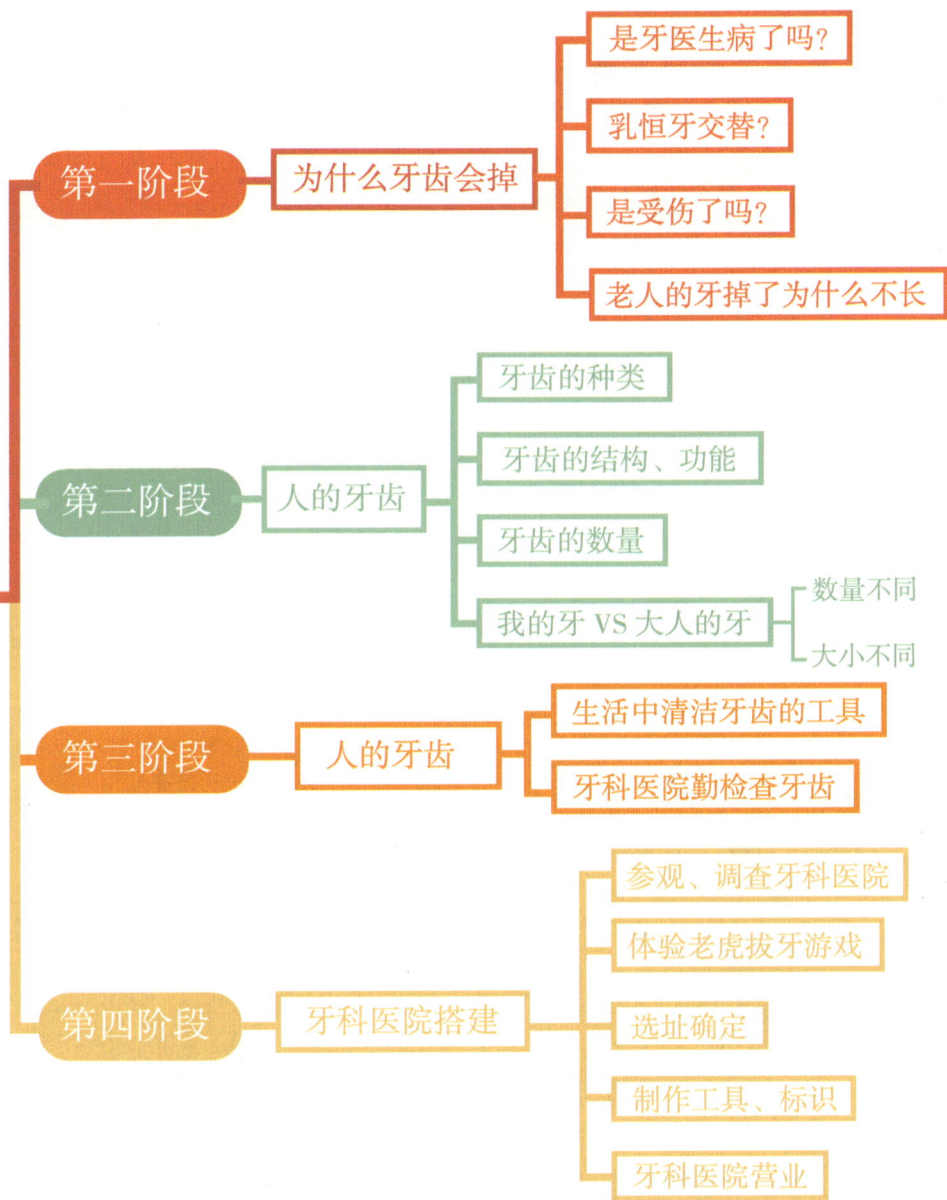

牙牙乐

- 第一阶段 — 为什么牙齿会掉
  - 是牙医生病了吗？
  - 乳恒牙交替？
  - 是受伤了吗？
  - 老人的牙掉了为什么不长

- 第二阶段 — 人的牙齿
  - 牙齿的种类
  - 牙齿的结构、功能
  - 牙齿的数量
  - 我的牙 VS 大人的牙
    - 数量不同
    - 大小不同

- 第三阶段 — 人的牙齿
  - 生活中清洁牙齿的工具
  - 牙科医院勤检查牙齿

- 第四阶段 — 牙科医院搭建
  - 参观、调查牙科医院
  - 体验老虎拔牙游戏
  - 选址确定
  - 制作工具、标识
  - 牙科医院营业

项目实施计划

孩子们的兴趣是不断发展变化的，因此在活动实施过程中，教师应该密切关注孩子们的兴趣变化，及时调整活动内容和方式。这样才能确保活动始终能够吸引孩子们的注意力，激发他们的学习兴趣。如表所示。

实施阶段	具体活动
第一阶段：为什么牙齿会掉	探究活动：牙齿掉落的原因 实践活动：牙齿怕怕实验
第二阶段：人的牙齿	亲子调查：我的牙VS大人的牙 谈话活动：我的牙VS大人的牙 探究活动：牙齿的功能 记录活动：关于牙齿的疑惑 探究活动：为什么会有尖尖的牙？ 探究活动：为什么要戴牙套？ 科学活动：乳牙、牙根和牙龈的秘密
第三阶段：保护牙齿的方法	美术：牙刷喷染画 谈话：怎么保护牙齿呢？ 实践活动：牙菌斑小实验 亲子实践：参观牙科医院 记录活动：牙科工具 表演游戏：老虎拔牙 美术：保护牙齿海报
第四阶段：牙科医院的搭建	探究活动：牙科医院选址 制作活动：制作工具 记录活动：制作就医流程图和名字标识 探究活动：牙科医院初步接诊 探究活动：牙科医院调整后再次接诊 谈话活动：看不懂的就诊记录单 探究活动：统一记录的符号

典型活动

活动一：牙齿怕怕实验

科学

活动目标

1.积极参与龋齿形成的原因讨论。

2.通过实验了解龋齿形成的原因以及预防龋齿的有关知识。

3.能够根据实验现象进行记录，并阐述实验现象。

活动准备

1.牙齿的模型教具。

2.牙刷、小镜子人手一个。

3.介绍牙齿功能、龋齿形成、刷牙方法的视频。

4.活动前两天找几个蛋壳，洗净后把每个蛋壳的一半浸在醋里。

活动过程

一、了解保护牙齿的重要性

师：刚才有的小朋友吃了饼干，请小朋友互相看看牙缝里多了什么？（残渣、碎屑）如果不弄掉会使牙齿变得怎样？

观看视频，了解龋齿的形成过程及保护牙齿的方法。

出示小实验，请幼儿观察，捞出浸在醋里的蛋壳，请幼儿看看、捏捏、说说蛋壳有什么变化？并比较浸在醋里的蛋壳与没浸过醋的蛋壳。

蛋壳有什么不同？（浸过醋的蛋壳变黑、变软了）

讨论：蛋壳为什么会变黑、变软了？

教师小结：醋是酸的，酸性会腐蚀蛋壳中的钙，所以蛋壳就会变黑、变软了。牙缝里如果有食物残渣，嘴里唾液中有一种酶会使食物残渣变酸，这些酸会像腐蚀蛋壳一样，使我们牙齿被腐蚀掉，牙齿就会变黑，变成龋齿，也就是我们常说的虫牙。

找龋齿：请幼儿利用小镜子观察自己有没有长龋齿？有几颗？

教师小结：保护牙齿的方法有4点。1.学习正确的刷牙方法。2.观看正确的刷牙方法的视频。3.配合牙齿模型，教师再次讲解正确的刷牙方法。4.人手一把牙刷练习正确的刷牙方法。

二、结束活动

表演《刷牙歌》结束活动。

三、活动延伸

与家长配合，提醒幼儿坚持每天早、晚用正确的方法刷牙。

开展"比比谁的牙齿好"活动。

活动反思

实验情况：

1. 白醋中的鸡蛋一放进去就有很多气泡，一天后鸡蛋外壳就软了，三天后外面的硬壳就没有了。

2. 果汁中的鸡蛋第一天没有变化，第二天鸡蛋壳有些黄。

3. 碳酸饮料中的鸡蛋第一天放进去有一些气泡，第二天鸡蛋上有一些裂缝，有一些颜色。

实验中，幼儿发现碳酸饮料、酸性水和饮料对牙齿都有影响。

通过开展牙齿实验活动，记录牙齿的变化，使幼儿在亲身体验、实际操作中，了解了龋齿形成的原因。活动中带领幼儿针对实验的材料进行调查，由幼儿选择。实验记录表包括统计表和幼儿自己的观察记录单，幼儿全程记录鸡蛋壳的变化，在探究活动中锻炼幼儿的观察能力、记录能力和对实验结果的表述能力。

活动实录图

活动二：我的牙 VS 大人的牙

谈话

活动目标

1. 观察了解大人和小朋友牙齿的不同之处。
2. 通过活动让幼儿知道牙齿的种类和功能。
3. 愿意与同伴谈论关于牙齿的疑惑，能够勇敢面对换牙期。

活动准备

1.《牙齿大调查》。
2. 大人牙齿模型。
3. 图片：大人牙齿、幼儿牙齿。
4. 小镜子、饼干。

活动过程

一、分享《牙齿大调查》

师：大家已经完成了《牙齿大调查》，谁来分享一下你的调查表？

师：你的牙是什么样子的？

师：你观察了家里谁的牙齿？他的牙齿又是什么样的呢？

二、我的牙 VS 大人的牙

（一）出示牙齿模型

师：数一数、看一看大人的牙齿有什么不一样？

师：我们的牙齿和大人的牙齿有什么不一样？

（二）共同观察讨论

师：为什么小朋友的牙齿小，大人的牙齿大呢？

小结：我们的牙齿叫乳牙，大人们的牙齿叫恒牙。

师：大人的牙齿是怎么变成恒牙的？（通过换牙）

小结：当我们的乳牙开始掉落，新长出来的牙齿就是恒牙。

三、观察探究

师：关于牙齿你还想知道什么？

（一）牙齿的功能

师：我们的牙齿能帮助我们做什么事呢？

小朋友们用镜子、饼干进行观察、探究，在实际操作过程中，孩子们能够真切感受到门牙、尖牙、前磨牙和磨牙的功能。

小结：发现门牙、尖牙可以咬断饼干，磨牙可以将饼干磨碎，门牙也可以磨碎食物，但是没有磨牙那么轻松。

（二）牙齿的种类

教师出示模型图片，了解牙齿的种类。

师：小朋友知道我们有哪些牙齿吗？

小结：原来门牙也叫切牙，尖牙也叫犬牙，大牙也叫磨牙，乳牙和恒牙不同（大小和数量都有不同）。

四、总结

今天我们不仅认识了乳牙和恒牙，通过同伴之间的互相观察，知道了大人和小朋友牙齿的区别，了解了牙齿的功能、种类。老师发现已经有小朋友进入了换牙期，乳牙已经开始脱落了，小朋友们可要好好保护自己的牙齿，注意清洁哦！

活动反思

虞永平教授提出课程是动态生成的，它生成于师幼互动之中，是幼儿与外界环境互动之中，是幼儿自主思考之中生长起来的。为深入探究牙齿，教师和幼儿开展了牙齿大调查，针对牙齿问题一起讨论了起来，教师与幼儿梳理问题，筛选出关键性问题，为接下来的探究活动的方向提供了导向，同时在调查、观察和比较探究活动中，幼儿对大人的牙和自己的牙有了比较深刻的认识，能够勇敢面对换牙期。

活动实录图

活动三：牙科医院1.0

探究

活动目标

1. 熟悉看病流程，有角色意识和责任意识。

2. 能够在活动中观察发现问题，与同伴讨论解决问题，完善牙科医院设备和人员安排。

活动重难点

能够在活动中观察发现问题，与同伴讨论解决问题，完善牙科医院的设备和人员安排。

活动准备

记录问题的白纸、勾线笔。

活动过程

一、谈话引入

师：我们的牙科医院搭建好了，现在医院开始接诊病人。

幼儿自行进行分组，选择担任医院工作人员和看病的病人。

二、初步游戏，发现问题

师：刚才你们体验医生和病人的游戏，有什么感受？

幼儿提出问题，教师与幼儿解决问题，完善牙科医院的设备和人员分配。

三、再次游戏，再次发现问题

教师与幼儿进行活动后的感受分享，提出完善牙科医院的方案，形成记录表，进行接下来的完善。

师幼研讨解决方案，形成策略记录单。

活动反思

探究活动情况：牙科医院搭建好了，幼儿开始进行医院的初步营业，让幼儿一起参与活动，并将问题记录下来进行研讨。

第一次体验游戏时，幼儿提出：医院里太挤了——应该扩建。

裕翕说："我当医生的时候，病人记不住自己的号码，一直问我是几号——应该增加号码牌。"

欣欣："护士太凶了，叉着腰喊——应该微笑服务。"

小薇："医生没有戴手套，我去牙科医院医生都戴了的。"

调整后，再次游戏，第一个问题还是出现了，医院扩大了，但是很多病人还是都在医院里，拍牙片、问诊室的人还是很多。新的问题又出现了，幼儿继续讨论解决方法。

拥挤问题，另一解决方法——增加等位。

幼儿提出：

1. 拿到号排队的病人太多了——增加等位，喊号进入医院。

2. 没有戴口罩的病人也进入医院了——没有戴口罩的病人不能进入医院。

3. 医生很忙，护士却不知道做什么——增加问诊医生的数量，护士去测体温。

在活动中，教师鼓励幼儿体验游戏，同时教师用视频记录幼儿体验游戏的情况。游戏结束后，教师带领幼儿再次回顾游戏的情境，鼓励幼儿结合自己在游戏中的感受，积极表述自己发现的问题，记录问题并提出解决的策略，结束后让幼儿讨论进行调整。通过参与体验的方式，能够充分调动幼儿探究的积极性，及时地记录和调整也能提升幼儿解决问题的意识和能力。

活动实录图

活动四：牙科医院2.0 游戏

活动目标

1.医生、护士和病人有自己的角色意识，熟悉看牙流程和接诊流程。

2.知道测体温、挂号处、取药处、问诊处、拍牙片医生和护士的工作内容。

活动准备

牙科医院牙科自制材料、牙科医院服饰、接诊单。

观察要点

1.牙科医生能够根据病人的牙齿情况进行对应记录。

2.病人能够按照看牙流程进行检查。

指导要点

1.引导幼儿观察病人的牙齿情况，门牙、尖牙和磨牙是否有龋齿。

2.引导幼儿观看看病流程图，熟悉看牙流程。

活动反思

在幼儿《牙科医院》表演游戏中，教师观察后发现问诊医生的记录总是不清楚，护士也不知道应该怎么处理。游戏中，教师总结幼儿问题，鼓励幼儿积极思考，通过问题引导，例如："病人去医院第一步应该怎么做？""问诊单上的符号是什么意思？""为什么每个医生的符号不一样？""护士都能看懂吗？"等问题，引发幼儿深入思考，解决游戏中幼儿没有及时观察和记录下来的问题。教师在探究活动中要善于总结和反思，针对幼儿探究情况及时小结，引导幼儿思考，推进探究活动中幼儿的深入思考。

活动实录图

课程评价

　　课程评价的基点是儿童，终点亦是儿童，通过课程的实施，进而促进儿童全面和谐地发展。依据"善表达、巧创意、健体魄、喜探索、好交往"的项目目标，设置了以下评价表。

评价维度	评价目标	评价任务	评价标准	评价方式
善表达	能依据探索到的现象做出自己的合理表达	在谈话活动《我的牙VS大人的牙》、牙齿小实验、牙科医院搭建探究活动中，能够围绕问题完整、清楚地表达自己的看法	★★★：在集体环境中能认真听他人说话，能够根据实践活动的情况总结信息，能够完整、清楚和连贯地表达 ★★：在提醒下，能在集体环境中认真听他人说话，较完整、清楚、连贯地表达 ★：在实践活动中不能大胆表达自己的想法，不能完整、清楚、连贯地表达	观察评价，通过与幼儿一起讨论的过程中，教师观察幼儿的表达情况进行评价
健体魄	1.知道保护牙齿的方法 2.坚持早中晚用正确的方法刷牙 3.有保护牙齿的良好意识	1.通过实验活动让幼儿知道保护牙齿的正确方法 2.根据大人、牙医示范的刷牙方式，坚持早中晚用正确的方法刷牙 3.在牙齿小实验、视频以及与牙医的交流中知道保护牙齿的重要性	★★★：能说出保护牙齿的方法。能够用正确的刷牙步骤刷牙，有保护牙齿的意识 ★★：在提示下能够说出保护牙齿的方法且能正确刷牙，有较好的卫生习惯 ★：不知道保护牙齿的方法，不能按照正确的刷牙步骤刷牙	通过幼儿调查表、医生就诊单幼儿记录情况和观察幼儿卫生情况、刷牙方式、坚持性以及幼儿互相检查刷牙方法是否正确来进行评价
喜探索	对牙齿的探究提出自己的探究问题	对牙齿进行探究，根据《我的牙VS大人的牙》观察表观察并提出自己的疑惑	★★★：主动提出疑惑以及感兴趣的问题，有主动解决问题的意识 ★★：能进行关于牙齿的观察或探究并有所发现 ★：在别人提醒下能进行观察或探究	通过分析幼儿观察记录表以及观察幼儿发现问题、解决能力的过程进行评价

续表

评价维度	评价目标	评价任务	评价标准	评价方式
喜探索	能观察比较细微的联系，能对比较的信息进行加工，从中归纳总结	能够根据牙齿模型、图画记录进行比较分析，得出相关信息，能够用图画、符号记录并能大胆表达	★★★：能细致观察对比牙齿模型、图片记录，能注意到相关信息，能根据总结信息合理表达 ★★：在集体环境中能认真听他人说话，较清楚根据总结信息合理表达 ★：不能大胆表达自己的想法，不能较为细致地对大人、幼儿的牙齿进行比较观察	通过观察幼儿的表现、问答情况进行评价
	能够在探究中记录发现的问题和策略	在牙科医院初步接诊和调整探究活动中完成问题记录和策略记录单	★★★：愿意用符号、图画等方式记录自己的发现，提出自己的问题 ★★：能够了解到关于牙齿的相关信息，不能用符号、图画记录 ★：没有探究欲望，不与同伴、老师、家人互动交流	通过观察幼儿问题和策略记录单进行评价
好交往	1.充满自信地完成各项牙齿探究活动 2.能够与同伴合作完成观察、调查和制作任务 3.愿意协助同伴完成项目中的活动	1.通过社会实践活动参观牙科医院 2.学习合作完成牙科医院工具的调查，了解、医院的搭建，共同探讨制定就诊流程	★★★：能与同伴友好相处，分工合作共同完成任务，遇到困难互帮互助，发生冲突时尝试协商解决。愿意为集体想办法、出主意、做事情 ★★：有一定分工合作的经验与意识，在同伴积极的影响下愿意去完成牙齿的探索 ★：在别人的帮助下愿意去完成牙齿探究活动，在别人的要求下愿意分工	通过观察幼儿有无责任意识、主动解决问题的意识以及家长反馈进行评价

（本课指导老师：王月、刁倩、龚袁极）

江津米花糖课程

在一个周一的早上，安安提了一袋江津米花糖来学校，说她过生日想给大家分享好吃的。孩子们可高兴了，看到好吃的一下子就围了上来，叽叽喳喳地说个不停……

涵涵说："我家也有米花糖，甜甜的。"

溪溪也挤上来："我吃过这个米花糖，是辣的。"

小雅却说："这米花糖我不喜欢，太硬了。"

看着孩子们对米花糖有着这么多不同的感受，我就对他们说："那我们一会儿就来尝尝它，看看吃起来到底是什么感觉。"

于是，一场关于"江津米花糖"的探索之旅就此展开……

项目意图

　　《幼儿园教育指导纲要（试行）》中明确指出："城乡各类幼儿园都应从实际出发，因地制宜地实施素质教育，为幼儿一生的发展打好基础。"基于此，东城幼儿园从文化核心"萌动"出发，开发了立足于生活、立足于幼儿体验的"江津米花糖"项目课程。课程将扎根于江津的地域特色与实践中，结合本地资源，基于幼儿经验高度设计活动，让饮食文化与项目课程相结合，让幼儿了解传统文化，将江津的饮食特色和内涵传递给孩子们。

项目目标

　　依据《江津区东城幼儿园园本课程方案》中提到的"培养善表达、巧创意、健体魄、喜探索、好交往的儿童为课程目标"，设置了以下项目目标。

总目标	一级目标	二级目标
善表达	倾听与表达能力	能围绕"米花糖的吃法"，主动地与同伴进行交谈，能较完整地表达自己的看法
	阅读能力	通过观看《花生的成长故事》等，能大体说出主要内容，说出自己的感受
巧创意	审美感知力	能发现各种米花糖包装袋的美，初步感知各种形状、样式、颜色和图案的差异美
	审美情感力	能够主动探索、欣赏多种多样的米花糖包装袋
	审美创造力	能在设计米花糖包装时，发挥想象，设计出具有创意的米花糖包装
健体魄	运动能力	能在学习种植原材料时，通过松土、浇水等体力活动，提高运动协调能力和平衡能力
健体魄	健康行为	在学习制作米花糖的活动中，学会安全使用厨房用具，具有基本的安全意识
	运动品质	在学习制作米花糖的活动中，学会和同伴一起制作米花糖，培养合作精神
喜探索	探究精神	通过接触米花糖，探索米花糖里的食材，观察身边的食材
	探究能力	通过比较大家提出的米花糖游戏玩法，进行简单的分类，分出哪些游戏具有可玩性

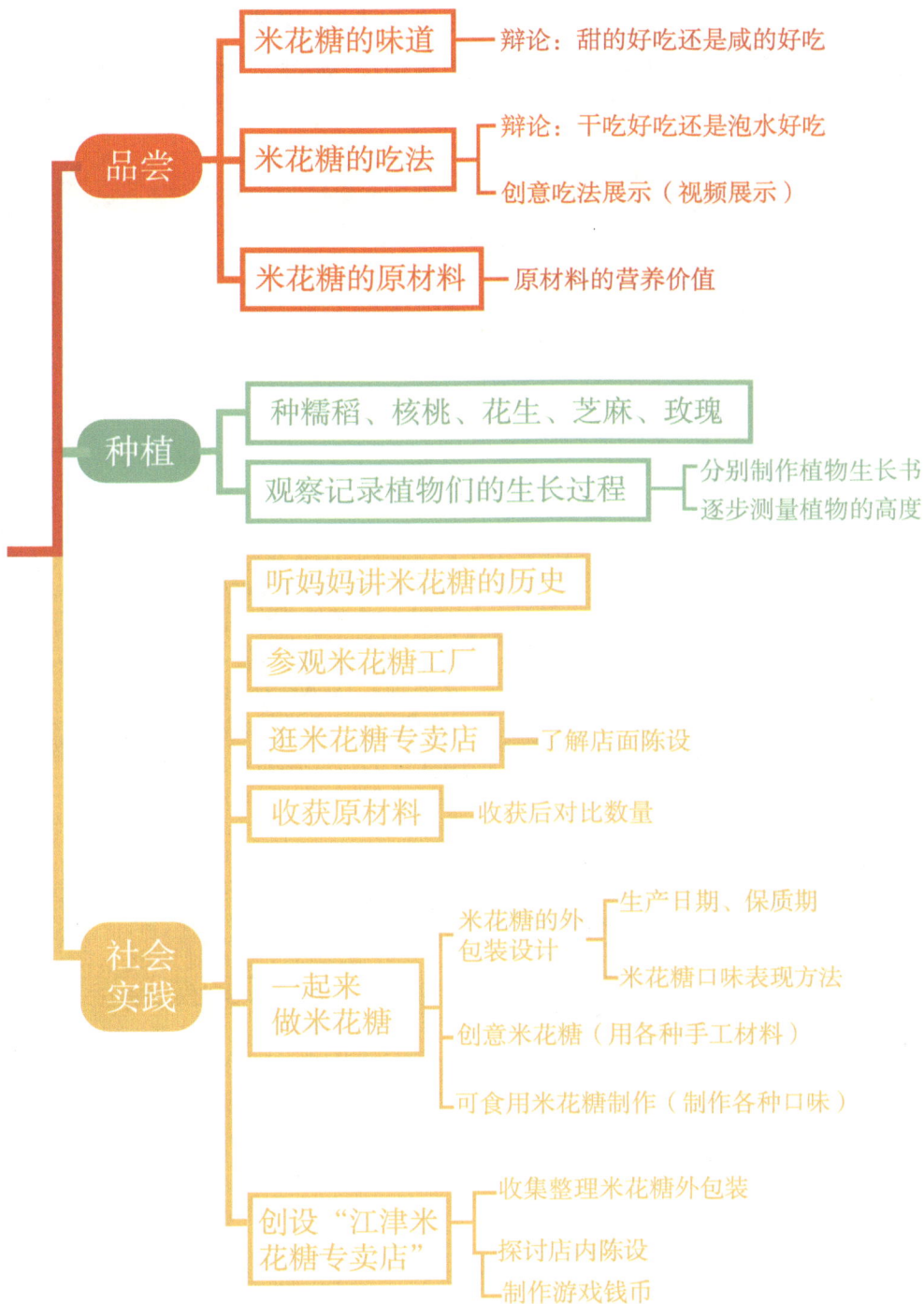

项目框架

```
                    ┌─ 米花糖的味道 ──── 辩论：甜的好吃还是咸的好吃
                    │
         品尝 ──────┤                  ┌─ 辩论：干吃好吃还是泡水好吃
                    ├─ 米花糖的吃法 ───┤
                    │                  └─ 创意吃法展示（视频展示）
                    │
                    └─ 米花糖的原材料 ── 原材料的营养价值


                    ┌─ 种糯稻、核桃、花生、芝麻、玫瑰
         种植 ──────┤                          ┌─ 分别制作植物生长书
                    └─ 观察记录植物们的生长过程 ─┤
                                                └─ 逐步测量植物的高度

江津米花糖
                    ┌─ 听妈妈讲米花糖的历史
                    │
                    ├─ 参观米花糖工厂
                    │
                    ├─ 逛米花糖专卖店 ──── 了解店面陈设
                    │
                    ├─ 收获原材料 ──── 收获后对比数量
                    │
         社会        │                                ┌─ 生产日期、保质期
         实践 ──────┤             ┌─ 米花糖的外包装设计 ─┤
                    │             │                    └─ 米花糖口味表现方法
                    ├─ 一起来 ────┤
                    │   做米花糖   ├─ 创意米花糖（用各种手工材料）
                    │             │
                    │             └─ 可食用米花糖制作（制作各种口味）
                    │
                    │                     ┌─ 收集整理米花糖外包装
                    └─ 创设"江津米 ───────┤
                        花糖专卖店"        ├─ 探讨店内陈设
                                          │
                                          └─ 制作游戏钱币
```

项目实施计划

　　在实施活动时，教师应该鼓励孩子们主动探索、尝试、创新，让他们在活动中体验成功的喜悦，增强自信心。同时，教师也要给予孩子们充分的支持和帮助，让他们在探索和创新的过程中不断成长。如表所示。

实施阶段	具体活动
第一阶段：了解米花糖	品尝活动：好吃的米花糖 调查活动：米花糖小调查 谈话活动：米花糖的各种吃法 探究活动：你在米花糖里吃到了什么？
第二阶段：米花糖原材料种植	探究活动：了解米花糖的原材料 种植活动：种糯稻、核桃、花生、玫瑰、芝麻
第三阶段：筹备江津米花糖专卖店游戏	亲子活动：收集米花糖外包装 美术活动：米花糖包装设计 亲子活动：参观米花糖专卖店 实践活动：米花糖专卖店店面陈设 美术活动：米花糖招牌设计 美术活动：米花糖游戏钱币设计 讨论活动：米花糖游戏玩法
第四阶段：玩江津米花糖专卖店游戏	实践活动：游戏及反思讨论
第五阶段：制作米花糖	亲子活动：听妈妈讲米花糖的故事 实践活动：收集材料 实践活动：制作米花糖及反思讨论 亲子活动：米花糖包装设计

典型活动

活动一：米花糖里有什么   探究

活动目标

1.通过品尝，分辨出米花糖里的食材：糯米、花生、核桃、芝麻、玫瑰。

2.了解米花糖各种食材植株的样子以及它们的营养价值。

3.培养幼儿主动探索的能力，萌发对米花糖的探究兴趣。

活动准备

1.米花糖若干。

2.米花糖食材植株介绍知识PPT。

3.糯米、花生、核桃、芝麻、玫瑰若干。

活动重难点

1.重点：了解米花糖各种食材植株的样子和营养价值。

2.难点：培养幼儿主动探索的能力。

活动过程

一、出示米花糖，激发幼儿好奇心

师：这是什么？（教师拿出米花糖）

师：现在我们一起来品尝米花糖，说说你的感受。

二、品尝米花糖，引导幼儿观察食材

（一）感知米花糖

师：米花糖是什么形状的？（从视觉角度）

师：米花糖摸起来是什么感觉？（从触觉角度）

师：米花糖闻起来是什么感觉？（从嗅觉角度）

师：米花糖吃起来是什么感觉？（从味觉角度）

在幼儿分享感受后，发起"米花糖的多种吃法"的谈话活动，引导幼儿主动地与同伴进行交谈，表达自己的看法。

（二）观察米花糖食材

师：在米花糖里你吃到了哪些食材？

幼儿分辨出食材后，教师出示准备好的各种食材，一起来观察。

三、了解食材知识，学习科学知识

教师打开食材介绍 PPT，和幼儿共同了解米花糖的各种食材。

1. 了解糯米的植株以及营养价值。

2. 了解花生的植株以及营养价值。

3. 了解核桃的植株以及营养价值。

4. 了解芝麻的植株以及营养价值。

5. 了解玫瑰的植株以及营养价值。

四、活动拓展

引导幼儿在了解各种食材后萌发种植这些食材的想法。

师：这些食材你们想不想亲自种植，看看它们是怎么长大的呢？以后收获了还能拿来做米花糖哦。

活动反思

今天幼儿通过品尝米花糖、观察米花糖等一系列的亲身体验，认识并了解了米花糖的各种原材料。在活动中，我们让幼儿尝一尝之后再引导幼儿仔细观察米花糖，让他们用五官去感受米花糖的外观、气味和口感。幼儿也纷纷表达了自己的观察结果，如"米花糖是长方形的""闻起来很甜""吃起来脆脆的"等。在了解原材料环节中，我们没有准备真实的植株给幼儿观察，看图片的方式导致幼儿对活动的兴趣有所降低。在以后的活动中，我们最好准备好实物让幼儿摸摸、看看，让他们保持活动的热情和好奇心。

活动实录图

活动二：米花糖的多种吃法 谈话

活动目标

1. 让幼儿知道米花糖有多种吃法。

2. 能围绕"米花糖的各种吃法"这一话题，主动地与同伴进行交谈，能较完整地表达自己的看法和见解。

3. 在谈话过程中，萌发幼儿喜欢家乡美食米花糖的情感。

活动准备

米花糖。

活动重难点

1. 重点：能围绕"米花糖的各种吃法"这一话题，主动与同伴进行交谈。

2. 难点：引导幼儿较完整地表达出自己的看法和见解。

活动过程

一、创设谈话情境，引出谈话话题

（一）展示米花糖，吸引幼儿兴趣

师：小朋友们，看看老师手里面拿的什么呀？

（二）邀请幼儿品尝米花糖，导入话题

师：小朋友们，米花糖除了可以直接吃，还有哪些吃法呢？

师：我们今天就和自己的小伙伴讨论一下米花糖的吃法吧。

二、引导幼儿围绕话题自由交谈

（一）教师通过设问，引导幼儿进行自由交谈

师：平时你们在家都是怎样吃米花糖的呀？和你的小伙伴们分享一下。（幼儿手拿米花糖与身边的小伙伴自由交谈）

（二）幼儿自由交谈

在幼儿自由交谈时，教师巡回参与谈话，并提醒幼儿要安静地听对方讲话，等别人讲完以后再说，不要抢话。

教师还要注意倾听幼儿的谈话内容，对于跑题的幼儿，要采用插话、示范、暗示等方式引导其转到谈论米花糖的各种吃法上来。

三、引导幼儿拓展谈话范围

（一）组内谈论米花糖

教师将班上幼儿进行分组（每组都有语言能力强和语言能力弱的幼儿），并要求其在组内轮流介绍米花糖的吃法。如果有的组员不知道如何说，其他组员可以对其进行帮助。

（二）集体谈论米花糖

教师邀请在组内交谈中表现良好的幼儿到集体面前和大家分享米花糖的吃法，并要求其讲话声音要响亮。同时，鼓励语言能力较弱的幼儿跟着这名正在介绍的幼儿进行模仿。

（三）讨论新话题

教师在组内交谈和集体交谈的基础上，提出新的话题。

师：小朋友们，发动小脑筋想一想，米花糖还有哪些创意吃法呢？

教师以平行谈话的方式参与谈话，为幼儿提供一些新的谈话经验。

四、活动总结

教师小结：今天，大家说得很全面呀！大家都介绍了自己平时吃米花糖的方法，你们说米花糖可以泡牛奶吃，可以放入燕麦、坚果，还能泡开水吃。看来我们的米花糖有各种各样的吃法。大家都喜欢自己家乡的美食呢！

活动反思

为了更好地激发幼儿的探索欲望，我们组织了一次关于"米花糖的多种吃法"的讨论活动。目的是希望幼儿能够发挥自己的想象力，创新米花糖的不同吃法，并能清晰地表达出来，从而也锻炼他们的语言表达能力。在幼儿进行品尝和探讨的过程中，我们为他们提供了积极的反馈，鼓励他们继续探索和创新。同时，我们也引导他们尊重他人的想法，学会倾听和接纳不同的意见。我们也需要关注每个幼儿的个性差异，给予他们足够的发挥空间，让每个孩子都能在活动中找到自己的价值。

活动实录图

种植

活动三：种花生

活动目标

1. 知道花生是制作米花糖的原材料之一，了解花生的生长过程及营养价值。
2. 初步掌握正确种植花生的方法。
3. 萌发幼儿热爱家乡美食米花糖的情感。

活动准备

经验准备：花生图片、《花生的成长故事》《花生的营养价值》视频。
物资准备：花生种子、小铲子、洒水壶。

活动重难点

1. 重点：了解花生的生长过程及营养价值。
2. 难点：初步掌握正确种植花生的方法。

活动过程

一、出示花生图片，吸引幼儿兴趣

师：小朋友们看看图片上的是什么呀？（花生）你喜欢吃它吗？知道它是怎么种出来的吗？

二、了解花生的生长过程及营养价值

（一）播放《花生的成长故事》视频

师：花生是长在藤上还是土里呢？它的生长过程又是怎样的呢？我们来看看这个故事就知道了。

师：原来花生是种在土里的，花生开花在地面，结果却是在地下。它的生长过程是种子播种—发芽—幼苗期—开花期—结果期—成熟期。

师：小朋友们已经了解了花生的成长过程，你们知道它有什么营养价值吗？

（二）播放《花生的营养价值》视频

师：大家一起来看这个视频，了解花生的营养价值。

师：花生属于坚果类，含有丰富的钙、蛋白质和多种维生素，对人体非常重要。但是，孩子们也不能多吃哦，吃多了不利于消化。在生活中，花生可以做成食物油供人们食用，还可以做成你们喜欢吃的花生酥。

教师小结：我们的花生是制作江津米花糖的原材料之一哦，所以我们的米花糖也非常有营养价值！

三、种植花生

（一）教师展示花生

师：看看老师手里拿的是什么呀？花生的种子在哪里呀？花生的生长环境是怎样的呢？

师：花生的生长环境宜气候温暖，生长季节较长。

（二）幼儿尝试种植花生

师：因为花生种子泡过水后，发芽率更高，所以昨天我们泡了一天。孩子们，现在我们就用泡过水的花生米来种花生吧。

师：请小朋友们拿上种植工具，一起出发吧！

师：请几个小朋友先松松土，让花生有个更舒适的家。再把花生米轻轻地放入土里，拿上水壶少量洒水。让它接受阳光的滋润，过几天再来观察它，给它浇水，一周左右就会发芽哦。

教师小结：今天我们学会了种植花生，期待它开花结果来制作成我们美味的米花糖吧！

四、结束活动

老师引导幼儿收拾物品，结束教学活动。

活动反思

通过今天的活动，幼儿收获了许多，我也反思一些不足之处。首先，活动前我们准备了花生种子和各种种植工具，还设计了了解花生的教育活动，但在准备过程中，我发现我们过于注重物质准备，忽视了幼儿的经验准备。其次，幼儿对于花生植株的认知和种植技巧几乎为零，这使得在活动中我们用了更多的时间来引导和讲解。由于缺乏经验，幼儿在种植过程中遇到了许多问题，如种子埋得太深、浇水过多或过少等。我意识到我应该给予他们更多的实践机会，让他们在尝试和摸索中不断积累经验。

活动实录图

活动四：米花糖游戏钱币设计 美术

活动目标

1.了解现代钱币的主要元素。
2.欣赏各种不同造型的钱币，感受钱币的多样性。
3.运用多种材料，发挥想象力设计自己的钱币。

活动准备

1.真实钱币五元、十元、一元若干张。
2.各种造型的钱币介绍PPT。
3.纸张、画笔。

活动重难点

1.重点：欣赏各种不同造型的钱币，感受钱币的多样性并设计游戏钱币。
2.难点：运用多种材料，发挥想象力设计出独一无二的游戏钱币。

活动过程

一、出示真实钱币，了解钱币的作用及主要元素

师：这是什么？它有什么作用？
师：大家轮流观察这些钱币，说一说它们的主要元素有什么？

二、欣赏各种钱币

教师打开PPT，师幼一起欣赏古今中外的各种独特钱币。
师：说一说看到的这些钱币你最喜欢哪一种？它有什么独特的设计让你喜欢？

三、设计游戏钱币

（一）讨论，拓展思维
师：游戏钱币的作用？
师：你想要设计怎样的游戏钱币？
教师引导幼儿了解钱币上的基本要素。

（二）设计游戏钱币
教师发放画笔、纸张材料，幼儿创作游戏钱币，教师巡回指导。

四、作品展示

请幼儿来展示自己设计的游戏钱币，说一说自己的设计思路。

师：互相评价，说一说你喜欢谁的设计，为什么？

将幼儿设计的游戏钱币收集起来加工加固，便于以后幼儿使用。

活动反思

在这次幼儿设计游戏钱币的活动中，我们看到了幼儿的创造力和想象力，同时也发现了一些值得反思的地方。首先，在设计游戏钱币的过程中，我发现幼儿对于钱币的金额概念并不是十分清晰，有一下子画一排数字的情况出现。其次，我们给幼儿准备的钱币设计材料单一，只能设计纸币，没有考虑到其他游戏币的可能。有幼儿提出要用雪花片做钱币的方案，我们应该积极给予支持，让他的创意有实践的可能性。在以后的活动中，我们应该多准备一些材料，给予幼儿更多的自由发挥空间。

活动实录图

课程评价

课程评价的鉴定作用可以让教育者明确教学改进的努力方向，从而提升教育效果，更好地保障儿童的全面发展，因此设置了以下评价表。

评价维度	评价目标	评价任务	评价标准	评价方式
善表达	1. 主动地与同伴进行交谈，能够较完整地表达自己的看法 2. 在观看资料后，能大体说出主要内容	1. 通过分享米花糖的吃法，表达出自己的吃法 2. 通过观看《花生的成长故事》，说出视频讲述的大致内容	★★★：幼儿能主动分享吃法，且能说出视频的大致内容 ★★：幼儿在老师的提示下能分享吃法和说出视频的大致内容 ★：幼儿不能分享出自己的吃法，且在老师提示下，也不能说出视频的大致内容	1. 观察评价 2. 儿童行为参与观察表
巧创意	1. 初步感知各种形状、样式、颜色和图案的差异美 2. 能欣赏多种多样、具有创意的米花糖包装袋	1. 通过收集米花糖包装袋，欣赏差异美 2. 通过设计米花糖外包装，展现审美创造力	★★★：能欣赏不同样式包装袋的美，能设计出具有创意的包装袋 ★★：只喜欢单一样式的包装袋，只能设计出单一样式的包装袋 ★：分辨不出包装袋的不同，设计出的包装袋创意性不够	1. 观察评价 2. 儿童行为参与观察表
健体魄	1. 提高运动协调能力和平衡能力 2. 具有基本的安全意识 3. 培养协同合作精神	1. 通过种植活动，锻炼动手能力 2. 通过制作米花糖，学习安全使用厨房用具 3. 在制作米花糖的活动中，与同伴合作	★★★：能自己独立种植，懂得厨房安全意识，能和同伴合作一起制作米花糖 ★★：需要他人引导才能种植，厨房安全意识不够，需要引导才能与同伴合作 ★：无法完成种植活动，对厨房安全意识完全不了解，无法与同伴完成合作任务	1. 观察评价 2. 儿童行为参与观察表

续表

评价维度	评价目标	评价任务	评价标准	评价方式
喜探索	1.能探索和观察身边的食材 2.能比较游戏玩法，能进行简单的分类	1.通过接触米花糖，探索米花糖里的食材种类 2.通过进行比较，分出哪些游戏方法具有可玩性	★★★：能分辨出米花糖里的食材，能比较分辨出哪些游戏方法具有可玩性 ★★：能认出米花糖里的部分食材，不太能分辨出哪些游戏方法具有可玩性 ★：完全认不出米花糖里的食材，完全不能分辨出哪些游戏方法具有可玩性	1.过程性评价 2.儿童行为参与观察表
好交往	1.能够独立完成自己的任务 2.能主动与他人分享 3.为家乡感到自豪	1.通过种植活动，学习独立完成任务 2.通过分享米花糖，学会与他人一起分享美好 3.通过学习江津米花糖，了解家乡的文化习俗，为家乡感到自豪	★★★：能独立完成自己的任务，能主动与他人分享米花糖，了解家乡的文化习俗，为家乡感到自豪 ★★：需要别人帮助才能完成自己的任务，需要引导才会分享米花糖，对家乡的文化习俗了解得还不够 ★：完全需要他人帮助才能完成自己的任务，引导后也不愿分享米花糖，对家乡的文化习俗完全不感兴趣	1.观察评价 2.儿童行为参与观察表

（本课指导老师：程琳、魏巍）

桥来了课程

　　开学初，孩子们纷纷分享着自己的寒假生活，老师也加入到了他们的讨论中。其中一张照片是江津白沙长江大桥开通的照片，人们纷纷去打卡，老师也讲述着其中的故事。孩子们看着照片就开始谈论起来，"这以前有桥吗？人们是怎么过河的呢？""这个桥好熟悉，我家旁边也有？"

　　《3~6岁儿童学习与发展指南》中指出，要和幼儿一起发现并分享周围新奇、有趣的事物或现象，一起寻找答案。根据孩子们议论的兴趣话题，我们和幼儿一起走进了桥的世界，开始了一次精彩的探索之旅。

项目意图

　　《幼儿园教育指导纲要（试行）》指出，科学教育的内容应从身边取材，引导幼儿对身边常见的事物和现象特点、变化规律产生兴趣和探究的欲望。"桥来了"项目课程扎根于江津地域特色与实践中，根据孩子们议论的兴趣话题，结合当地立即可得的资源，以基于真实情境、探究和解决问题的方式进行设计和开展，带着对桥的好奇和憧憬，和幼儿一起走进了桥的世界，开启了一次精彩的探桥之旅。

项目目标

　　依据《江津区东城幼儿园园本课程方案》中提到的"培养善表达、巧创意、健体魄、喜探索、好交往的儿童为课程目标"，设置了以下项目目标。

总目标	一级目标	二级目标
善表达	倾听与表达能力	能围绕"桥"的特征，大胆表达交流自己的观点
	阅读能力	通过阅读与"桥"相关的书籍，能大胆说出主要内容，发表自己的看法
巧创意	审美感知力	认识各种各样的桥，初步感知不同桥的类型、结构、装饰美
	审美创造力	能用多种材料、搭建方法建构不同的桥，发挥想象力，设计创造出独特的桥
健体魄	运动能力	能在与桥相关的游戏中锻炼体魄，提高身体的协调能力和平衡能力
	运动品质	在建桥、造桥游戏等过程中，不放弃，学会与同伴合作
喜探索	探究精神	探索造桥的步骤顺序。通过讨论、做计划、实地考察等设计不同的桥
	探究能力	按大小、质地、颜色和结构对材料进行分类，收集更适宜的建桥材料
好交往	自我发展	积极查阅资料，主动了解、探索桥的作用、种类、结构等
	交往能力	学会主动分享在探桥、建桥的过程中的发现与经验
	社会适应能力	在了解家乡桥的过程中，了解自己所处环境的文化习俗，为家乡感到自豪

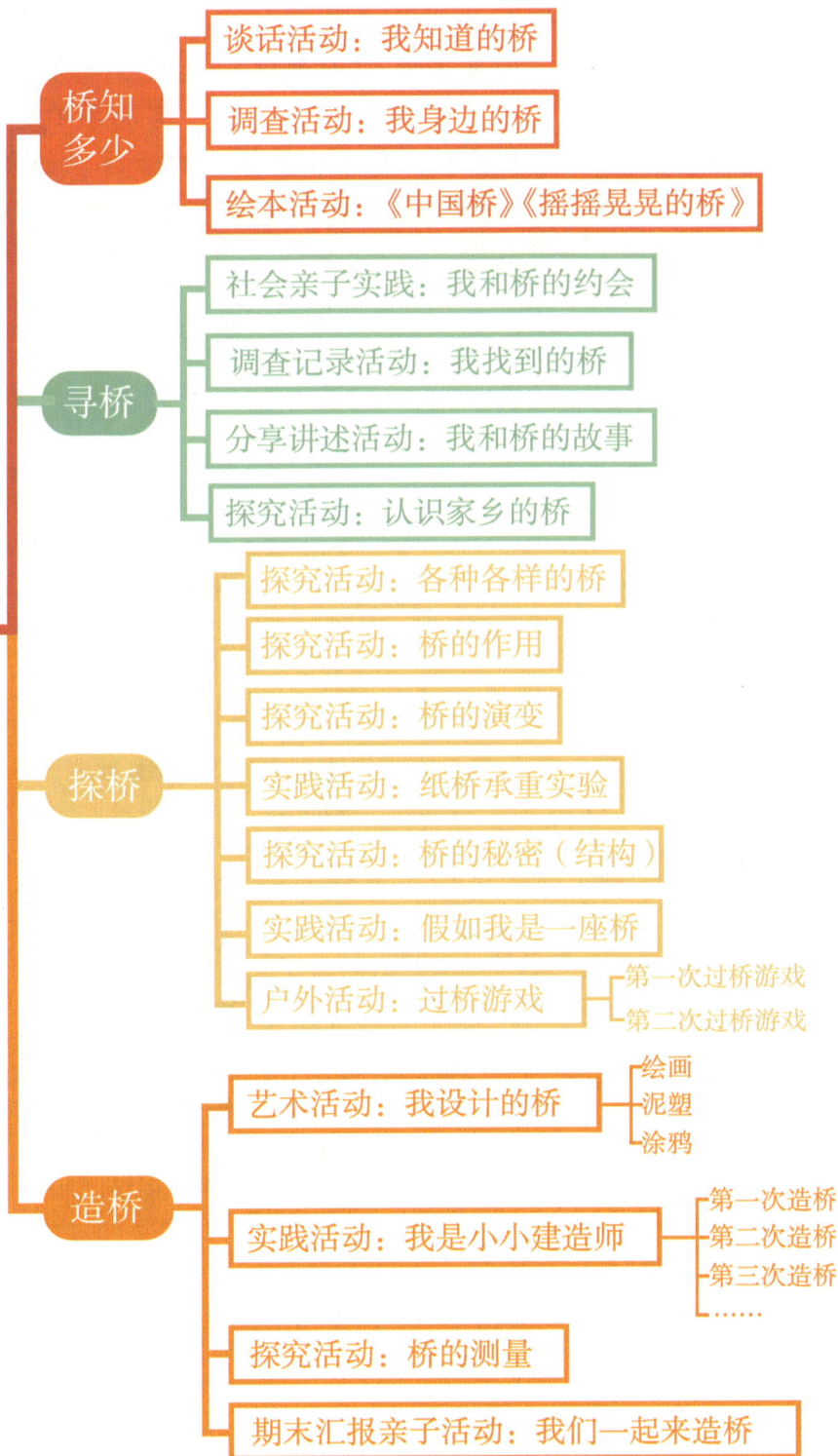

项目框架

桥来了

- **桥知多少**
  - 谈话活动：我知道的桥
  - 调查活动：我身边的桥
  - 绘本活动：《中国桥》《摇摇晃晃的桥》

- **寻桥**
  - 社会亲子实践：我和桥的约会
  - 调查记录活动：我找到的桥
  - 分享讲述活动：我和桥的故事
  - 探究活动：认识家乡的桥

- **探桥**
  - 探究活动：各种各样的桥
  - 探究活动：桥的作用
  - 探究活动：桥的演变
  - 实践活动：纸桥承重实验
  - 探究活动：桥的秘密（结构）
  - 实践活动：假如我是一座桥
  - 户外活动：过桥游戏
    - 第一次过桥游戏
    - 第二次过桥游戏

- **造桥**
  - 艺术活动：我设计的桥
    - 绘画
    - 泥塑
    - 涂鸦
  - 实践活动：我是小小建造师
    - 第一次造桥
    - 第二次造桥
    - 第三次造桥
    - ……
  - 探究活动：桥的测量
  - 期末汇报亲子活动：我们一起来造桥

项目实施计划

在教育实践中，我们要紧密关注幼儿的兴趣、需求和好奇心，并以此为基础构建教育活动。幼儿的关键问题往往反映了他们的认知冲突、探索欲望和学习动力，因此，作为教育者，我们需要敏锐地捕捉这些问题，并以此为出发点，设计富有启发性和引导性的活动。如表所示。

实施阶段	具体活动
第一阶段：桥知多少	谈话活动：我知道的桥 调查活动：我身边的桥 绘本活动：《中国桥》《摇摇晃晃的桥》
第二阶段：寻桥	社会实践亲子活动：我和桥的约会 调查记录活动：我找到的桥 分享讲述活动：我和桥的故事 探究活动：认识家乡的桥 实践活动：假如我是一座桥 户外活动：过桥游戏（第一次） 户外活动：过桥游戏（第二次）
第三阶段：探桥	探究活动：各种各样的桥 探究活动：桥的作用 探究活动：桥的演变 实践活动：纸桥承重实验 探究活动：桥的秘密（结构）
第四阶段：造桥	艺术活动：我设计的桥 实践活动：我是小小建造师（第一次造桥） 实践活动：我是小小建造师（第二次造桥） 亲子活动：亲子建造各种各样的桥 探究活动：桥的测量 实践活动：我是小小建造师（第三次造桥） 期末汇报亲子活动：我们一起来造桥

典型活动

活动一：家乡的桥 探究

活动目标

1. 了解桥的演变，知道家乡的桥在城市中的大概分布位置。
2. 欣赏家乡的桥的图片，了解桥的形状和材质。
3. 以"桥"为载体，进一步增强热爱家乡的情感。

活动准备

1. 幼儿知识经验的准备：通过收集我家附近的桥，了解自己熟悉的桥坐落在城市的具体位置。

2. 材料准备：桥的演变课件PPT、统计表、家乡桥梁图片、自绘城市地图。

活动过程

一、谜语导入

谜面：驼背公公，力大无穷，驼的什么？车水马龙！
（幼儿揭开谜底）

二、讲述"桥的演变"的故事

教师讲解有关桥的演变的故事。

故事：很久很久以前，河上没有桥。被风吹倒的大树正好横搭在河两岸，人们从上面走过去很方便，这就成了最早的桥。接着人们试着用藤条、木板来做桥，于是有了悬在河上的吊桥。人们还试着用石头垒成桥洞，石头搭建成的桥洞很牢固，这就成了石拱桥。后来人们又试着在河面上立桥墩铺石板搭桥，于是在很宽的河面上也能搭桥了。现在人们已经会造各式各样的桥啦。有连接交通要道的石桥、铁桥、钢索桥，有缓解交通拥堵的立交桥、人行天桥，有休闲娱乐的风雨桥、凉亭桥。

三、讨论家乡的桥

师：我们家乡江津也有各式各样的桥。

问题一：你知道我们江津有哪些桥？你最熟悉的是哪座桥？你家附近有什么桥？

问题二：寻找熟悉的典型的桥的位置。先找幼儿园附近的桥的位置，再找幼儿最熟悉的桥在城市地图中的具体位置。猜测自己不熟悉的桥可能在城市的什么位置，并通过把自己熟悉的桥贴到城市地图相应的位置，记录、提升幼儿对家乡桥的整体认识。

问题三：分小组统计"自己最喜欢的家乡的桥"，说说喜欢的原因。

师：孩子们带着这些问题，我们回家和爸爸妈妈一起讨论一下吧！

活动延伸

家园共育：回家和爸爸妈妈一起实地考察附近的桥，做好记录，第二天和小伙伴们分享。

活动反思

在本次活动中，教师通过谜语导入吸引幼儿对桥的兴趣。在活动过程中，教师通过图片、视频、故事等形式向幼儿介绍了家乡的桥梁，让他们了解桥梁的结构、功能和历史背景。而且在活动后，家长和幼儿一起参观了家乡的桥梁，让他们亲身体验和感受桥梁的美妙之处。在爸爸妈妈的带领下，幼儿一起看看、画画、拍拍来找答案。让家长们了解到班级活动的开展，让其参与其中，在培养亲子关系的同时更增进了家园关系，一定程度上也助力了我们的活动开展，整体来说效果还不错。

第二天，让幼儿分组讨论，分享自己参观桥梁的所见所闻，以及自己对桥梁的理解和感受。最后，组织幼儿进行统计，让他们用自己的方式表达对桥梁的喜爱。目的是让幼儿了解自己家乡的桥梁文化，培养幼儿热爱家乡的情感。

同时，在这次活动中我发现了以下几个问题：首先是对幼儿的引导不够充分。在活动前，我没有让幼儿做好充分的准备，导致他们在分享环节表现得不够积极主动。其次是活动安排不够合理。在活动过程中，我过于注重幼儿的统计环节，而忽略了他们的分享环节，使得幼儿的交流和表达能力没有得到充分的锻炼。

虽然这次活动在组织过程中存在一些问题，但它仍然让幼儿了解了自己家乡的桥梁，培养了他们热爱家乡的情感。在今后的教学中，我会不断总结经验，改进教学方法，为幼儿提供更好的学习环境和机会。

活动实录图

活动二：纸桥承重 实践

活动目标

1.知道波浪形的桥比平面的桥牢固，探索波浪的多少与桥的承重能力之间的关系。

2.尝试用纸做桥，感知桥的承重能力。

3.积极探索，养成愿意探究的好习惯。

活动准备

1.幼儿每人 4 张长方形的图画纸，正方体积木，雪花片若干。

2.纸桥承重实验记录表人手 1 份，记录笔一支。

3.与教学活动有关的课件。

活动过程

一、回忆经验，导入活动（激发幼儿对活动的兴趣）

师：小朋友你们见过的桥是用什么材料建成的？

师：平常我们见过的桥大多都是用水泥、钢筋、石头或者木头等材料做成的。

二、探究一：幼儿制作纸桥，并尝试探索平面纸桥的承重力

师：你们见过用纸做成的桥吗？今天我们一起来试着用纸搭建小桥。

（一）教师介绍操作材料

师：小朋友请试着用两块积木做桥墩（桥墩的距离固定），用纸来做桥面，看谁搭建得又快又好。

（二）幼儿尝试，教师巡回指导

师：请搭建好纸桥的小朋友尝试着在桥面上放雪花片，看看你的桥上最多能放几块雪花片？并把它的数量记在记录表上。

三、探究二：幼儿尝试改变桥面形状，探索其承重力

师：我们改变桥面的形状，它又能承受多大的力？（可以放几块雪花片？）请小朋友试着用折一折或卷一卷的方法改变桥面的形状，下面桥墩的距离保持不变，然后在上面放雪花片，这一次最多又能放几块雪花片呢？

（一）幼儿尝试操作，教师巡回指导

师：请小朋友说一说改变形状后的桥面最多能放几块雪花片，并进行记录，发现了什么？

（二）幼儿集体交流

小结：有波浪的桥面与平面桥相比，能承受更大的重力。

四、探究三：波浪的多少与承重能力的关系

师：刚才小朋友发现弯曲（有波浪）的桥面承受的重力更大，要是弯曲的次数变多了，它又能承受多大的力？现在我们试着让它反复折叠几次，看看能放几块雪花片？

（一）再次操作探究

1.幼儿可根据自己的意愿折叠不同的次数，然后用垫圈进行探究。

2.教师观察幼儿的操作情况。

师：你做的纸桥最多能放几块雪花片？写在记录表上，比较哪种形状的纸桥更有力量？

3.教师通过试验，记录比较。

师：你发现了什么？纸折叠成波浪形后，能承受的力量变大，每一个波浪就像一个小巨人，许多小巨人连在一起力气就大了。我们回家再和爸爸妈妈一起探究折叠的波浪比现在多，是不是它的承重力就更大呢？

（二）拓展幼儿的生活经验

师：在平时生活中，你发现哪些东西是利用弯曲来使它更牢固？（瓦楞纸、塑钢瓦、瓦片、纸扇等）

小结：建筑师们根据一些科学原理，建造了许多坚固的桥，如我国的长江大桥、赵州桥，美国的金门大桥，小朋友们可以从这些桥中了解更多的科学原理，并从中受益。

活动延伸

在活动区域投放操作材料，让幼儿自由探究桥墩多少、桥墩之间距离的远近与纸桥承重力的关系。

活动反思

　　"纸桥承重实验"是一个典型的幼儿园科学探究活动，旨在培养幼儿对科学的兴趣和好奇心以及基本的探究能力。从此次活动目标来看，主要是让幼儿通过操作和观察，了解纸桥承重的原理，培养幼儿的观察力、动手能力和解决问题的能力。

　　在活动过程中，教师引导幼儿完成纸桥的搭建，并在每个环节后进行观察和思考，引导幼儿发现纸桥承重的原理。大多数幼儿通过自己的不断尝试，发现了纸桥承重的原理，对实验产生了强烈的兴趣和好奇心。教师鼓励幼儿积极提问和发表自己的观点，培养幼儿的探究精神。

　　在活动后材料的收拾整理上，幼儿还需要进一步加强，整个活动场地有点混乱，没有养成活动后整理的好习惯，在下次活动以及之后的日常活动中一定要注意良好行为习惯的培养。

活动实录图

活动三：我们来建桥（第一次游戏）

实践

活动目标

1. 尝试使用各种不同的材料搭建造型独特、构思新颖的桥。
2. 积极参与活动，体验建桥的乐趣。
3. 遵守游戏规则，体验与同伴合作游戏及控制性活动带来的快乐。

活动准备

1. 建构桥所需要的各种建构材料及辅助材料。
2. 桥的图片。

活动过程

一、图片导入

观赏各种桥的图片，引导幼儿讨论，根据桥的不同造型如何应用已学过的建构技巧进行游戏。

二、幼儿小组合作，利用辅助材料造桥

幼儿自由选择伙伴。

小组展开讨论：准备造什么样的桥？需要些什么材料？

小组商讨后准备建构材料。

三、幼儿建构，教师巡回指导

（一）教师讲解建构规则

建构规则：

1. 小组合作进行建构，并进行分工。
2. 建构材料轻拿轻放，拿一块，用一块，建构后有序收拾整理。
3. 在建构过程中小声讨论，不大声喧哗，不准破坏他人的作品。

（二）幼儿建构，教师巡回指导

重点指导幼儿根据各种桥的造型，选择合适的材料，大胆创新进行建构。

四、桥梁展览会

请幼儿为自己搭建的桥取个名字。

师：谁来当小小讲解员，来介绍一下你们的桥。

活动反思

通过此次建构活动，可以看出中班幼儿的建构能力相对于小班有了明显的进步，但是还不足以使他们能够顺利建构一座立体的桥，在活动中我们也发现了很多问题：

1. 部分幼儿只是自己操作，不会合作进行搭建；
2. 建构技能单一，大多是平铺建构；
3. 建桥时桥墩桥面连接处老是倒，不好固定；
4. 桥面太窄，大多为单车道，桥的装饰太少；
5. 建构材料单一，几乎只用一种材料。

因此我们通过问题交流会进行经验交流分享，在共同商议解决了第一次建构中发现的问题后，幼儿收集了其他生活材料，在幼儿园建构区寻找了可以利用的材料，为接下来再次搭建桥做好了铺垫和准备。

活动实录图

活动四：小小建筑师 实践

活动目标

1.幼儿能灵活运用已有的经验，大胆想象，利用生活中的玩具和废旧物品进行实验、操作、建造桥梁。

2.能自主积极地参与到小组活动中，创造性地表现各种桥。

3.感受创造发明的喜悦，体验成功的快乐，学会与别人分享成果。

活动准备

一、经验准备

1.幼儿已参观过本区各种各样的桥。

2.与幼儿、家长共同收集有关"桥"的图片资料，并悬挂在建构区。

3.已初步了解不同桥的特征，包括悬索桥、斜拉桥、拱桥等。

二、物质准备

1.设置三大区域，并在各区域中投入动手制作的材料（雪花片、积木、鞋盒、奶粉罐、纸砖、超轻黏土、冰棍棒、大纸板等）。

2.拉索桥、立交桥、拱桥等多种桥的图片。

活动过程

一、由桥的视频导入活动

观察各种各样的桥的PPT，激发幼儿活动的兴趣和欲望。

二、介绍区域：雪花片建构区、积木纸盒建构区、超轻黏土建构区

（一）区域一：雪花片建构区（教室）

投放材料：不同颜色的雪花片、不同类型的桥的图片。

指导要点：小组讨论建构桥的类型，鼓励幼儿利用排列、对称等关系和插接延长等基本技能使用各色雪花片表现自己的作品，碰到困难能动脑筋积极探索解决办法。

（二）区域二：积木纸盒建构区（教室外平台）

投放材料：长方形积木块、各类大小废旧纸盒、奶粉罐等若干。

指导要点：在幼儿已有建构经验的基础上，引发幼儿合作、协商、创造发明的愿望，并鼓励幼儿大胆设想，利用垒高、桥式连接、平铺、

穿过等建构技能构建长江大桥，分享成功的快乐。

（三）区域三：超轻黏土建构区（教室）

投放材料：各种颜色的超轻黏土、冰棍棒、大纸板。指导要点：鼓励幼儿积极表达自己的想法，讨论桥各部分的作用，利用粘、插、捏、团、折、绕等技能表现自己对长江大桥的设计发明。

三、自选区域，6~7人小组合作，进行亲子建构活动

幼儿互相交流欣赏，向同伴分享自己的创造成果。

活动反思

此次活动是对本学期项目活动"桥来了"的一个汇报，主要是通过回顾项目开展情况、亲子实践建桥等方式来汇报本项目的成果。

从活动准备上来看，无论是物质准备还是经验准备，教师和幼儿都准备得很充分，教师创设了不同的区域让幼儿自主选择建构，充分给予了幼儿自主选择的权利，体现了幼儿的主体性。幼儿在有了前几次的建构经验后，在此次活动中非常投入，很有自己的想法。从建构出来的作品来看，种类丰富，富有创意，效果还是非常不错的。再加之家长也和幼儿一起参与了活动，在活动中看到了幼儿的成长，增进了亲子关系，整个氛围十分地融洽。

在活动中同样存在一定的问题，部分幼儿因为家长在现场，自主性不强，很多时候要依赖家长。部分家长也因为不清楚分组情况，找不到自己的角色，在活动现场乱走，有点扰乱活动秩序。因此，在下次亲子活动时，教师事先要讲清楚活动规则，确保家长和幼儿都清楚活动规则，这样才更加有利于活动的顺利有序进行。

活动实录图

课程评价

课程评价以儿童为核心，最终目标也是服务于儿童，是推动儿童教育发展的重要工具。依据"善表达、巧创意、健体魄、喜探索、好交往"的项目目标，设置了以下评价表。

评价维度	评价目标	评价任务	评价标准	评价方式
善表达	能够围绕"桥"的特征，大胆表达交流自己的观点	1.通过谈话活动"我知道的桥"表达自己对桥的认识，并分享已有经验 2.通过调查活动"我身边的桥"讲述桥的特征	★★★：幼儿能大胆表达对桥的认识，并且能讲述清楚调查表中桥的种类和特征 ★★：幼儿在老师的提示下能表达对桥的认识，并且能讲述调查表中桥的种类和特征 ★：幼儿不能表达对桥的认识，也不能讲述清楚调查表中桥的种类和特征	1.观察评价 2.儿童行为参与观察表
	通过阅读与"桥"相关的书籍，能够大胆说出主要内容，发表自己的看法	1.通过阅读关于桥的图书，表达自己对桥的结构的认识 2.通过绘本《中国桥》《摇摇晃晃的桥》，能讲述绘本故事的脉络和桥的种类	★★★：能表达自己对桥的结构的认识，大胆讲述绘本故事的脉络和桥的种类 ★★：能表达自己对桥的结构的部分认识，不太能讲述绘本故事脉络和桥的种类 ★：不能表达自己对桥的结构的认识，也不能讲述绘本故事的脉络和桥的种类	1.观察评价 2.儿童行为参与观察表
巧创意	认识各种各样桥，初步感知不同桥的类型、结构及造型美	1.认识古代、现代、国内、国外的桥 2.发现桥的类型、结构特点以及桥的造型差异	★★★：能认识古代、现代、国内、国外著名的桥，并发现桥的类型、结构特点以及桥的造型美 ★★：能认识部分古代、现代、国内、国外著名的桥，在老师提醒下能发现桥的类型、结构特点以及桥的造型美 ★：不认识古代、现代、国内、国外著名的桥，没发现桥的类型、结构特点以及桥的造型美	1.观察评价 2.儿童行为参与观察表

续表

评价维度	评价目标	评价任务	评价标准	评价方式
巧创意	能够主动探索、建构不同形态的桥	能够主动探索、建构不同形态的桥	★★★：能和同伴主动交流讨论并探索建构不同形态的桥 ★★：在同伴帮助下能交流讨论并探索建构不同形态的桥 ★：对交流讨论并探索建构不同形态的桥完全不感兴趣	1.观察评价 2.儿童行为参与观察表
	能用多种材料、搭建方法建构不同的桥	能用多种材料、搭建方法参与建构，发挥想象力，设计创造出独特的桥	★★★：能用多种材料、搭建方法参与建构，发挥想象力，设计创造出独特的桥 ★★：能使用材料参与建构，在同伴帮助下设计创造出桥 ★：对设计建构桥完全不感兴趣	1.观察评价 2.儿童行为参与观察表
健体魄	能在与桥相关的游戏中锻炼体魄，提高身体的协调能力和平衡能力	在过小桥的游戏中，能尝试进行单脚跨跳	★★★：在过小桥的体育游戏中，能尝试进行单脚跨跳 ★★：在过小桥的体育游戏中，在帮助下能尝试进行单脚跨跳 ★：在过小桥的体育游戏中，不能进行单脚跨跳	1.观察评价 2.儿童行为参与观察表
	在搭建桥的过程中，学会安全使用材料和工具，具有基本的安全意识	能够使用纸砖、积木、奶粉桶、鞋盒等多种安全材料进行桥的建构	★★★：能够使用纸砖、积木、奶粉桶、鞋盒等多种安全材料进行桥的建构 ★★：在帮助下能够使用纸砖、积木、奶粉桶、鞋盒等多种安全材料进行桥的建构 ★：对使用纸砖、积木、奶粉桶、鞋盒等多种安全材料进行桥的建构不感兴趣	1.观察评价 2.儿童行为参与观察表
	在建构桥、桥游戏等过程中，不放弃，学会与同伴合作	1.能多次重复实验探索桥墩与桥面连接的方法——桥式连接法 2.体验小组通过交流合作、成功搭建出桥的乐趣	★★★：使用桥式连接法对桥墩与桥面进行连接，主动参与小组交流合作并成功搭建出桥 ★★：在帮助下使用桥式连接法对桥墩与桥面进行连接，被动参与小组合作并成功搭建出桥 ★：不会使用桥式连接法对桥墩与桥面进行连接，不会交流合作搭建桥	1.观察评价 2.儿童行为参与观察表

续表

评价维度	评价目标	评价任务	评价标准	评价方式
喜探索	通过各种方式探索造桥的步骤	通过讨论、做计划、实地考察等方式探索造桥的步骤	★★★：通过讨论、做计划、实地考察等方式探索造桥的步骤 ★★：在帮助下能通过讨论、做计划、实地考察等方式探索造桥的步骤 ★：不会通过讨论、计划、实地考察等方式探索造桥的步骤	1. 过程评价 2. 儿童行为参与观察表
	能对材料进行分类，收集适宜的建桥材料	按大小、质地、颜色和形状对材料进行分类，收集适宜的建桥材料	★★★：能按大小、质地、颜色和形状对材料进行分类，收集适宜的建桥材料 ★★：在帮助下按大小、质地、颜色和形状对材料进行分类，并收集适宜的建桥材料 ★：不会按大小、质地、颜色和形状对材料进行分类，不能收集适宜的建桥材料	1. 过程评价 2. 儿童行为参与观察表
好交往	积极查阅资料，主动了解桥的知识	积极查阅资料，主动了解探索桥的作用、种类、结构等	★★★：能积极查阅资料，主动了解探索桥的作用、种类、结构等 ★★：能在帮助下查阅资料，了解探索桥的作用、种类、结构等 ★：不想查阅资料，对探索桥的作用、种类、结构等不感兴趣	1. 观察评价 2. 儿童行为参与观察表
	主动分享在探桥、建桥过程中的发现与经验	大胆表达自己在探桥、建桥过程中的发现与经验，并完善建构	★★★：能大胆表达自己的发现与经验并完善建构 ★★：能在帮助下表达自己的发现与经验并完善建构 ★：不会表达自己的发现与经验，不想参与建构	1. 观察评价 2. 儿童行为参与观察表
	在了解家乡的桥的过程中，了解自己所处环境的文化习俗，为家乡感到自豪	1. 完成《家乡的桥》调查记录表，了解江津长江大桥 2. 通过学习有关江津长江大桥简介，了解家乡的桥文化故事，为家乡感到自豪	★★★：能独立完成调查记录表，了解江津的长江大桥 ★★：需要帮助才能完成调查记录表，对家乡的桥文化故事了解不够 ★：完全需要帮助才能完成调查记录表，对家乡的桥文化故事不感兴趣	1. 观察评价 2. 儿童行为参与观察表

（本课指导老师：李世玲、周润）

一粒种子课程

　　在一次区角活动时，生活吧的小朋友在切苹果时发现它们中间有苹果籽，于是他们立刻展开了讨论，"这是什么呀？什么是种子？"琪琪在一旁接着问道："水果里都藏着种子吗？"说完，琪琪便切开了一个橘子惊喜地喊道："橘子的种子也藏在橘子的果肉里。"

　　孩子们又从果蔬区抱来了丝瓜、豇豆和小南瓜等蔬菜，玩起了寻找种子的游戏。把种子挑出来后，孩子们立即展开了激烈的讨论：种子有什么作用呢？种子是怎么长大的？种子怎样才能发芽？

　　正逢初春，幼儿园的种植园也即将开始新一轮的种植，借此契机，为了让幼儿对种子与自然生命有更深入的了解，我们班承接了园里的种植任务，以此开展了本次项目课程故事——《一粒种子》。

项目意图

　　《3~6岁儿童学习与发展指南》提出，幼儿教育要从五大领域出发，对幼儿的综合素养进行培育，其中科学教育属于重点内容之一。种植课程的开发能够辅助科学教育的开展，培养幼儿的科学意识和探索精神，促使其健康成长。所以，为了给幼儿营造贴近自然的成长环境，引导幼儿参与劳动实践，教师要高度关注大班幼儿种植课程开发路径的探索，明确课程实施目标，促使幼儿树立科学观念，在劳动过程掌握科学技能，提高其科学素养。

项目目标

　　依据《江津区东城幼儿园园本课程方案》中提到的："培养善表达、巧创意、健体魄、喜探索和好交往的儿童为课程目标。"设置了以下项目目标。

总目标	一级目标	二级目标
善表达	倾听与表达能力	能围绕"蔬菜的种植过程"，大胆且完整地表达交流自己的观点
	阅读能力	理解与种子生长相关的绘本内容，会在成人的帮助下查资料
巧创意	审美感知力	认识各种各样的蔬菜，初步感知不同蔬菜的外形特征
	审美情感力	能感受到蔬菜带来的生活美好，萌发爱护之情
	审美创造力	对自己感兴趣的植物喜欢刨根问底，能主动探索，并享受发现的乐趣
健体魄	运动能力	能在与蔬菜相关的游戏中，发展大小肌肉，提高身体协调力
	健康行为	能主动参与照料种植园活动，了解蔬菜的营养知识
	运动品质	在照顾蔬菜过程中学会坚持，学会试错—调整—再尝试
喜探索	探究精神	喜欢动手，能在参与种植劳动的过程中发现问题、提出问题，能选择自己的方法验证猜想
	探究能力	能用数字、图画、图表和符号等多种方式完成一系列调查表
好交往	自我发展	通过对"蔬菜生长过程"的记录分析，得出合理的结论，并通过讨论、交流，学习反思和提升经验
	交往能力	愿意与他人合作与交流，享受合作与交流的乐趣
	社会适应能力	积累常用种植工具使用的经验

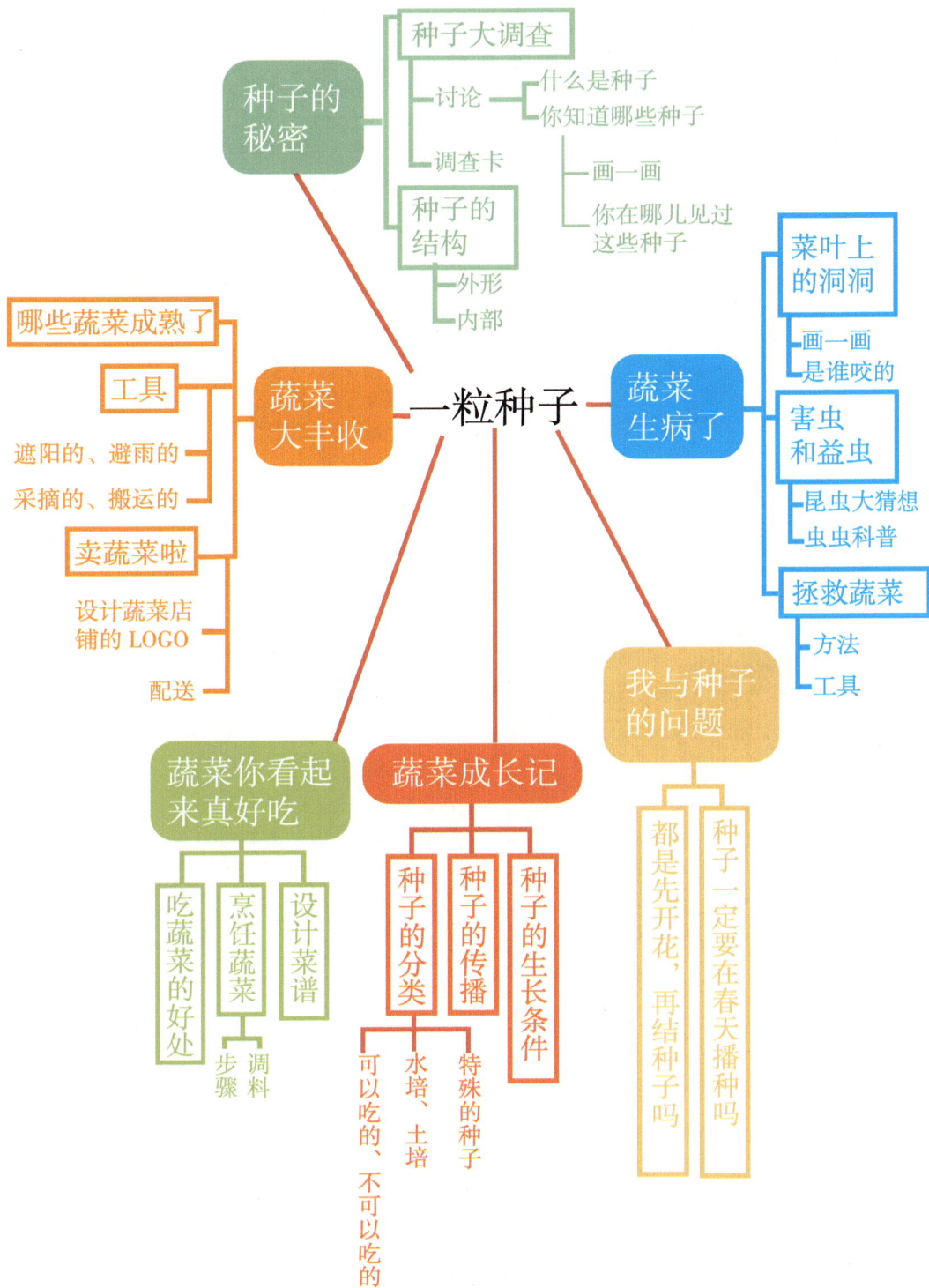

项目框架

```
                        ┌─ 种子大调查
                        │        ┌─ 什么是种子
              种子的     ├─ 讨论 ─┤
              秘密       │        └─ 你知道哪些种子
                        │              ┌─ 画一画
                        ├─ 调查卡       │
                        │              └─ 你在哪儿见过
                        │                 这些种子
                        └─ 种子的
                           结构
                              ├─ 外形
                              └─ 内部
```

蔬菜大丰收

- 哪些蔬菜成熟了
- 工具
  - 遮阳的、避雨的
  - 采摘的、搬运的
- 卖蔬菜啦
  - 设计蔬菜店铺的 LOGO
  - 配送

一粒种子

蔬菜生病了

- 菜叶上的洞洞
  - 画一画
  - 是谁咬的
- 害虫和益虫
  - 昆虫大猜想
  - 虫虫科普
- 拯救蔬菜
  - 方法
  - 工具

蔬菜你看起来真好吃

- 吃蔬菜的好处
- 烹饪蔬菜
  - 步骤
  - 调料
- 设计菜谱

蔬菜成长记

- 种子的分类
  - 可以吃的、不可以吃的
- 种子的传播
  - 水培、土培
  - 特殊的种子
- 种子的生长条件

我与种子的问题

- 都是先开花，再结种子吗
- 种子一定要在春天播种吗

项目实施计划

幼儿活动设计需要遵循几个原则。首先，活动要具有探索性，允许幼儿通过亲身实践来寻找答案，满足他们的好奇心。其次，活动要具有层次性，从简单到复杂，逐步引导幼儿深入思考和解决问题。再次，活动要具有互动性，鼓励幼儿之间的合作与交流，培养他们的社会交往能力。如表所示。

实施阶段	具体活动
第一阶段：探索种子的秘密	谈话活动：什么是种子？ 调查活动：我与种子的问题 实践活动：寻找种子 科学活动：外太空的种子
第二阶段：蔬菜大搜寻	谈话活动：你想在菜园里种哪些蔬菜？ 实践活动：开垦土地 艺术活动：蔬菜生长日记
第三阶段：蔬菜种植小能手	讨论活动：蔬菜的生长需要什么 科学活动：蔬菜生病了
第四阶段：你好，蔬菜	记录活动：我的蔬菜成长日记 调查活动：我的自问自答卡 生活活动：彩色的红薯汤圆
第五阶段：蔬菜，你看起来真好吃	实践活动：采摘蔬菜 生活活动：烹饪

典型活动

活动一：种植大讨论

谈话

活动目标

1. 认识各种种子，了解种子的生长和作用。
2. 鼓励幼儿大胆说出自己的观点，发展观察、分析和动手能力。
3. 愿意大胆尝试，并与同伴分享自己的心得。

活动准备

请家长在周末协助幼儿完成《种植园播种调查表》。

活动过程

一、交流：周末小任务

师：上周星期五老师布置的小任务是什么？

师：你是怎么完成的？

二、讨论：种植园种什么

师：你想在幼儿园的菜园里种什么蔬菜？为什么？

师：为什么想种这种蔬菜？

师：种子从哪里来？

三、投票

带上自己的调查表，在想要种植的蔬菜后面打钩。

活动反思

在整个活动过程中，幼儿以饱满的热情对调查表进行讨论和探究。许多关键性的提问能调动幼儿用他们对蔬菜的已有经验和自己在活动中探索的新知识，用简单句进行表达。因此许多幼儿都能畅所欲言，用简单句讲述他们对种植蔬菜的认识和发现。

活动实录图

科学

活动二：播种

活动目标

1. 了解种植的过程与种子生长所需要的基本条件。

2. 能在成人的协助下完成种植，掌握基本的种植方法，并积极参与讨论，大胆发表自己的见解。

3. 感受种子生长的神奇，体验种植劳动带来的快乐。

活动准备

知道种子生长的基本条件。

活动过程

一、观看播种过程视频

师：小朋友，种子是怎么长大的呢？你觉得神奇吗？

师：我们一起来看看种子是怎样发芽、长成蔬菜的？

讨论种植的方法。

二、引导幼儿互相讨论，交流种子的播种过程

师：谁知道怎样把种子放到泥土中？

师：种子种好以后，需要做哪些事情？

三、梳理观点，明确种植方法

种植过程：用手抓握住一把种子，将种子均匀地撒在土壤表面（种子不能放得太多），再用细土将种子完全覆盖，最后给种子浇适量的水（水要将泥土表面的土壤全部润透）。

四、分组播种

幼儿分组到种植园进行播种，每组一位家长进行指导。

教师引导幼儿按照正确的步骤进行种植。

教师引导幼儿在种植的过程当中思考：

1. 种子种在土壤的什么位置最合适？为什么？

（种子不能种得太深，太深发不了芽；也不能种得太浅，太浅水分蒸发太快，种子会缺水干死）

2. 引导幼儿了解种子发芽所需要的基本条件。

五、分享交流

幼儿分享播种后的感受。

幼儿回忆、讲述自己的播种过程。你们是怎样完成播种的？遇到什么问题，怎样解决的？

对自己播种的蔬菜种子说一句悄悄话，使幼儿对自己种植的宝贝日后的成长充满期待。

六、教师总结

总结幼儿今天的表现，表扬和鼓励在活动中表现积极的幼儿。让幼儿在进行种植活动的同时，感受到科学探索活动带来的快乐。同时，教师要照顾到那些在活动中比较安静的幼儿，使其也能在活动结束的时候获得快乐，以培养他们对自然活动的兴趣。

活动反思

新鲜的种植场景大大激发了幼儿参与种植的兴趣，幼儿可以模仿老师的基本动作"按、压"进行种子种植，在学会种植技能的同时，锻炼了幼儿的小肌肉群，提高了幼儿手指的灵活性。

活动实录图

活动三：照顾蔬菜 　劳动

活动目标

1.学会照顾蔬菜，知道要经常给它们浇水。

2.培养幼儿认真地做每一件事情，并能坚持做完。

3.感受大自然、种植园环境的美好，建立保护农作物的责任感。

活动准备

已了解照顾蔬菜的基本方法。

活动过程

一、介绍今天外出的主要活动内容和目的，讲解注意事项

师：想要我们的小菜苗一天天长大，我们需要为它们做哪些事情？

二、讨论：怎么样给蔬菜浇水？

要求：

1.水要少装一点，因为蔬菜喝多了水，也会生病的。

2.取水时不能拥挤，请排队。

3.取水和返回路线要明确，不然会撞到其他小朋友。

4.捡拾垃圾，整理好自己的工具。

三、幼儿分组浇水，并给菜苗说一句悄悄话

师：你想对你的蔬菜说些什么？

四、讨论浇水前后菜苗的变化

师：我们的蔬菜喝饱了水后有什么不一样吗？

活动反思

　　幼儿经过前期调查、统计、讨论，最后种上了蔬果，整个种植园生机勃勃，幼儿也完全成了种植园的主人。幼儿按周次分工值班，轮流照料种植物。每天早上入园后，值日的幼儿就会到种植园观察、浇水，管理等。在照顾、管理的过程中，幼儿发现了很多秘密，比如蜗牛是从哪里来的、种子埋在土的下面能否成功发芽、怎么浇水才能让小苗更健康地成长等。值日的幼儿每天都有新的发现。

　　为了更好地追踪幼儿的问题，同时让这些问题成为幼儿继续探索的

新动力，教师在种植园投放了养护记录表。教师发现种植初期幼儿提出的关于浇水的问题比较多，于是决定从浇水入手设计了本次活动，支持幼儿在讨论和探索中获得新的经验。

活动实录图

活动四：挖红薯

劳动

活动目标

1. 能够正确使用工具。
2. 感受收获的喜悦。

活动准备

知道简单的挖红薯的工具及步骤。

活动过程

一、尝试不借助工具挖红薯

师：孩子们，没有工具能不能挖出红薯呢？

师：用手挖红薯是什么感觉？

二、使用工具挖红薯

（一）介绍工具

幼儿拿取自己准备的工具，介绍自己的工具名称和使用方法。

（二）猜想

师：你觉得哪种工具挖红薯比较厉害？

师：为什么？

（三）安全教育及要求

1. 使用工具时，注意观察自己身边是否有小朋友，不要碰到小朋友。
2. 不拿着工具四处跑。
3. 挖到的红薯放到准备好的篮子或口袋里。
4. 活动后，听到结束音乐，请拿好工具回到老师身边。
5. 幼儿尝试用工具挖红薯，教师观察指导。
6. 根据工具的不同，划分小组进行挖红薯比赛。

三、分享经验

（一）红薯的特征

师：这些红薯是什么样子的？观察它们的颜色、形状和大小。

（二）比一比，谁的红薯多

师：哪一组挖的红薯数量最多？一共挖了多少个？

师：你们使用的工具是什么？

师：这个工具使用起来感觉怎么样？

四、讨论：收获的红薯怎么处理？

师：今天我们挖了这么多红薯，这些红薯可以用来干什么呢？

活动反思

幼儿在户外发现种植区的红薯地里，红薯藤越来越长，爬满了整个地面，老师引导幼儿开始猜想地里会有果实吗？是什么形状的呢？幼儿对红薯的认识并不陌生但却不深刻，结合我班幼儿的已有经验，老师通过直接感知、实际操作、亲身体验等方法，让幼儿开启了一段奇妙的红薯探秘之旅。

活动实录图

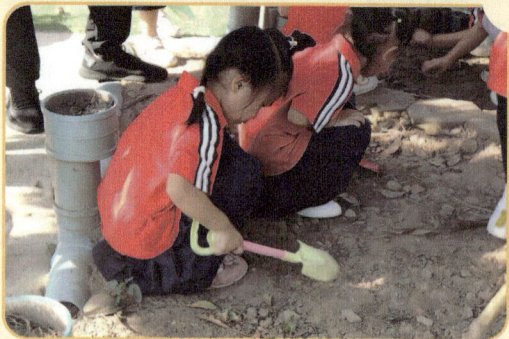

课程评价

课程评价可以提升幼儿园教育质量，评估的实施有助于引导教师调整教育方向，提升教学水平，帮助儿童更好地发展。依据"善表达、巧创意、健体魄、喜探索、好交往"的项目目标，设置了以下评价表。

评价维度	评价目标	评价任务	评价标准	评价方式
善表达	1. 能初步描述探究过程与结果，愿意与他人合作与交流，享受合作交流的乐趣 2. 能通过对记录分析的结果得出合理的结论，并通过交流讨论学习反思和提升经验	1. 主动参与照料种植区的蔬菜的活动，了解蔬菜生长全过程的基本知识 2. 通过认识蔬菜、照顾蔬菜等活动，表达出自己探究的过程	★★★：能大胆、较完整说出与蔬菜相关的绘本故事内容或探究的过程及结果 ★★：在教师的引导下，能大胆且较完整说出故事的内容或探究的过程及结果 ★：不能大胆说出故事的内容或探究的过程及结果	1. 观察评价 2. 儿童行为参与观察表
巧创意	1. 能用数字、图画、符号等多种方式进行记录 2. 能发现蔬菜不同培养方式的生长周期、生长需求及蔬菜与环境的生态关系等	1. 通过感知绘本故事、调查表等探究活动，说出不同蔬菜的生长过程 2. 通过照顾蔬菜，完成调查等活动，发散自己的思维，提高创新力	★★★：说出不同培养方式下蔬菜的成长过程，完成有创意、有美感的美术作品 ★★：能在老师的引导下，说出不同培养方式下蔬菜的成长过程，完成有创意、有美感的美术作品 ★：不能说出不同培养方式下蔬菜的成长过程，也不能完成有创意、有美感的美术作品	1. 观察评价 2. 儿童行为参与观察表
健体魄	1. 喜欢动手，能在与蔬菜相关的游戏中，发展大小肌肉群，提高身体协调力 2. 在养护蔬菜的过程中，学会安全使用养护工具，积累劳动经验	1. 在准备养护条件、播种、照顾、收获蔬菜的过程中，锻炼精细化动作及动手能力 2. 学习安全使用剪刀、胶带等美工用品	★★★：能自己完成照顾蔬菜及观察蔬菜的任务，能完成蔬菜美术作品的创作等 ★★：在老师或家长的引导下，能自己完成照顾蔬菜及观察蔬菜的任务，能完成蔬菜美术作品的创作等 ★：不能自己完成照顾及观察蔬菜的任务，也不能独立完成蔬菜美术作品的创作等	1. 观察评价 2. 儿童行为参与观察表

续表

评价维度	评价目标	评价任务	评价标准	评价方式
喜探索	1.喜欢动手，能在参与种植劳动的过程中发现问题、提出问题，能选择自己的方法验证猜想 2.记录了解蔬菜各种生长现象，知道绘本和网络的用途 3.积累常用工具使用经验	1.通过观察蔬菜生长、完成调查表等相关活动，主动探究出蔬菜的生长过程图 2.能说出蔬菜生长的基本过程 3.通过合作探究等，完成各种调查表内容	★★★：能主动探究并完成各种调查表、美术作品，并能说出蔬菜生长的过程 ★★：在老师或家长的引导下，能主动探究并完成各种调查表、美术作品，并能说出蔬菜生长的步骤过程 ★：不愿意主动探究并完成各种调查表、美术作品，也不能说出蔬菜生长的步骤过程	1.过程评价 2.儿童行为参与观察表
好交往	1.积极主动探索并参与蔬菜相关的活动，从中获得自我发展 2.分享自己的记录表。发现问题，大胆表达交流自己的观点，小组齐心协力进行合作探究 3.能描述探究过程与结果，愿意与他人合作与交流，享受合作与交流的乐趣	1.通过当蔬菜管理员、完成调查表等活动，主动参与到认识蔬菜、照顾蔬菜、蔬菜管理员等探究活动中 2.通过调查记录、阅读故事等，和他人合作完成调查表、观察记录和美术作品等 3.通过蔬菜生长故事讲述大赛等活动，喜欢且能大胆在大家面前展示自己的蔬菜生长故事，分享自己照顾蔬菜的经验	★★★：能主动参与探究活动，能和他人合作完成任务且能大胆在大家面前展示自己的蔬菜生长故事，分享自己照顾蔬菜的经验 ★★：在老师及家长的引导下，能主动参与探究活动，能和他人合作完成任务且能大胆在大家面前展示自己的蔬菜生长故事，分享自己照顾蔬菜的经验 ★：不能主动参与探究活动，不能和他人合作完成任务，不能大胆在大家面前展示自己的蔬菜生长故事和分享自己照顾蔬菜的经验	1.观察评价 2.儿童行为参与观察表

（本课指导老师：杨雨、殷秀莲）

我们的"菇"事课程

　　户外活动时间结束，路过草坪时涵涵发现草坪上有小蘑菇，于是她大声呼叫同伴："我在这里发现了很多蘑菇，你们快过来看。"孩子们听到后都围了过来，你一言我一语地开始讨论："蘑菇是怎样来的？是厨房老师种的吗？""你别摸，可能有毒。""老师，这个蘑菇好小啊。""老师，这些蘑菇可以吃吗？""老师，草坪上为什么会长蘑菇啊。""老师，这个小蘑菇就像小伞，好可爱呀。"

　　关于蘑菇，小朋友们充满了好奇，七嘴八舌地讨论着，小朋友们各抒己见，但没有得到想要的结果，于是一场《我们的"菇"事》探索之旅就此展开……

项目意图

　　《幼儿园教育指导纲要（试行）》中明确指出"活动的取材要是幼儿所熟悉的，要来源于生活"。蘑菇就是孩子们熟悉的，也是生活中随处可见的。《3~6岁儿童学习与发展指南》中提到："成人要善于发现和保护幼儿的好奇心，充分利用自然和实际生活机会，引导幼儿通过观察、比较、操作、实验等方法，学习发现问题、分析问题和解决问题。"大班幼儿正处于感知、抽象逻辑思维、记忆能力发展的初期阶段，这个年龄段的孩子的爱学、好问，有极强的求知欲望。我园以《我们的"菇"事》为主题，开展探究项目课程，从课程的预设到课程具体实施、课程实践的成效展开，旨在帮助幼儿不断积累并运用于新的学习活动，形成受益终身的学习态度和能力。

项目目标

　　依据《江津区东城幼儿园园本课程方案》中提到的："培养善表达、巧创意、健体魄、喜探索、好交往的儿童为课程目标。"设置了以下项目目标。

总目标	一级目标	二级目标
善表达	倾听与表达能力	能在蘑菇大调查过程中，同父母调查讨论，与同伴交流并大胆分享自己的调查结果
	阅读能力	通过调查，翻阅蘑菇相关绘本和观看视频资料，了解蘑菇相关知识，能讲述蘑菇种类、生长环境及营养价值
巧创意	审美感知力	能发现蘑菇不同种类和造型特征，初步感知蘑菇颜色、造型美
	审美情感力	能主动探究、欣赏各种各样的观察记录封面
	审美创造力	能在设计蘑菇观察记录表时，发挥想象，设计出具有创意、突出主题的观察记录封面
健体魄	运动能力	能在观察、照顾和记录菌菇包生长情况中，提高运动能力
	健康行为	在制作"美味平菇汤"过程中，学会安全使用厨房用具，具有基本的安全意识
	运动品质	在种植、照顾菌菇包过程中，能和同伴在发现问题时学会坚持，最终合作解决问题

续表

总目标	一级目标	二级目标
喜探索	探究精神	通过接触菌菇包，探索菌菇包里的营养物质，观察菌菇的生长过程
	探究能力	能用数字、图画、图表和符号等多种方式记录观察现象
好交往	自我发展	在设计蘑菇菜谱的过程中，发挥创造能力，独立完成设计
	交往能力	能在分组照顾菌菇包时，分工合作讲述观察情况，完成记录
	社会适应能力	在学习种植蘑菇的过程中，掌握种植工具的使用方法

项目框架

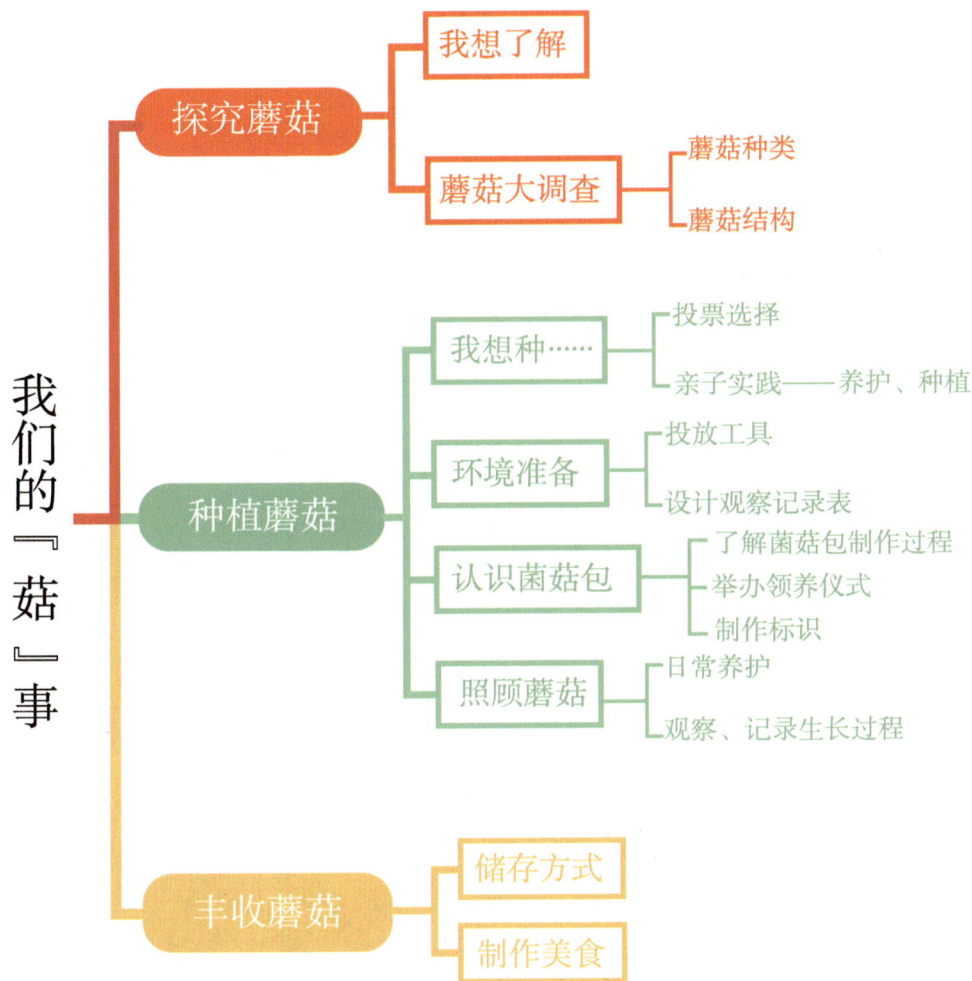

我们的『菇』事

- 探究蘑菇
  - 我想了解
  - 蘑菇大调查
    - 蘑菇种类
    - 蘑菇结构
- 种植蘑菇
  - 我想种……
    - 投票选择
    - 亲子实践——养护、种植
  - 环境准备
    - 投放工具
    - 设计观察记录表
  - 认识菌菇包
    - 了解菌菇包制作过程
    - 举办领养仪式
    - 制作标识
  - 照顾蘑菇
    - 日常养护
    - 观察、记录生长过程
- 丰收蘑菇
  - 储存方式
  - 制作美食

项目实施计划

随着实践活动的深入，教育者需要不断观察幼儿的表现，了解他们的学习进度和难点，以便及时调整活动内容和策略。同时，教育者也要关注幼儿的个体差异，为不同幼儿提供个性化的学习支持和引导。如表所示。

实施阶段	具体活动
第一阶段：探秘蘑菇	谈话活动：我的问题是？ 调查活动：蘑菇大调查 实践活动：蘑菇的特征 科学活动：危险的毒蘑菇
第二阶段：调查准备	谈话活动：我想种？ 调查活动：种植蘑菇投票 实践活动：投放种植工具 艺术活动：设计观察记录表
第三阶段：种植蘑菇	探究活动：菌菇包里有什么？ 实践活动：蘑菇领养仪式 艺术活动：制作标识 种植活动：种植蘑菇
第四阶段：照顾蘑菇	实践活动：观察记录蘑菇生长过程 语言活动：种植故事分享 观察活动：我的发现 种植活动：我的照顾
第五阶段：收获蘑菇	谈话活动：蘑菇长大了怎么办？ 实践活动：采摘蘑菇 生活活动：美味平菇汤

典型活动

活动一：种蘑菇

种植

活动目标

1. 了解种植平菇的正确方法。

2. 能够在同伴的帮助下种植，并能每天坚持照顾蘑菇。

3. 观察蘑菇的生长，体验种植的乐趣。

活动准备

蘑菇种植过程、菌菇包、种植桶、水彩笔。

活动过程

一、观察蘑菇种植过程视频

师：我们来观察一下是怎么种蘑菇的，一会儿我们也要种植自己的蘑菇。

二、种植菌菇包

（一）观察菌菇包和种植桶

种植方法：把菌菇包放进种植桶，然后把桶盖戳些小孔放纸巾喷水让菌菇包吸收水分。

（二）小组种植

1. 教师引导幼儿按正确的步骤种植。

2. 指导桶盖的洞戳多大合适，戳洞的时候提醒幼儿注意安全。

三、给蘑菇做标识

师：孩子们，菌菇包我们已经种下去了，现在要拿到种植区养护，可是怎么照顾自己的蘑菇，怎样认识自己的蘑菇呢？

（一）设计菌菇桶标识

发放水彩笔设计自己组的标识，小组成员合作完成。

（二）解说自己设计的菌菇桶

邀请每组选一个代表上台，解说自己小组设计的菌菇桶是什么样的。

四、分享交流种植过程

1. 回忆分享种植过程。

2. 种植过程中遇到的困难。

3. 我会怎样照顾蘑菇，对蘑菇生长的期望。

活动反思

　　幼儿亲自体验了蘑菇的种植，激发了他们对种植的兴趣。种植的过程中也看见幼儿以小组的方式较成功地完成合作，特别是第3组的幼儿能商量完成种植活动，连平时不愿意动手的行行也积极加入其中。

活动实录图

种植

活动二：照顾蘑菇

活动目标

1. 知道正确照顾蘑菇的方法。
2. 能小组合作坚持每天照顾蘑菇并进行记录。
3. 感受种植的美好，体验种植蘑菇的乐趣。

活动准备

喷壶。

活动过程

一、晨间游戏趣发现

文文：可心你快来看我们组的蘑菇长了好多的小点点，第5组的蘑菇已经长成小朵了，是怎么回事，第5组的蘑菇比我们长得快？

二、谈话活动：蘑菇生长的速度不一样，怎么照顾？

小朋友们先自行询问每组是怎样照顾蘑菇。

师：原来蘑菇的生长速度跟水分还有阳光有很大的关系。

蘑菇的生长温度为 15℃~25℃，最适宜的温度为 20℃~22℃。同时，蘑菇的生长需要湿度较高的环境，湿度一般在80%以上。空气流通也是蘑菇生长的关键，可以通过通风、换气等方式来控制空气流通。此外，蘑菇生长还需要适宜的光照条件，如果以上环境条件都得到了充分满足，蘑菇就可以健康生长。

三、照顾蘑菇

用晨午间、区角和离园活动照顾蘑菇，给蘑菇浇水通风。

使用后整理工具。

四、周末照顾

师：小朋友们周末都回家了，蘑菇还在幼儿园，谁来照顾呢？

幼儿讨论。

教师小结：孩子们讨论后决定将蘑菇带回家照顾，每组成员一人一周，抽签决定顺序。

活动反思

  幼儿经过前期调查、统计、讨论，最后种上了蘑菇。幼儿按周次分工值班，轮流照料种植物。每天早上入园后，值日的幼儿就会到种植园观察、浇水，管理等。种植的过程中第 7 组和第 4 组的蘑菇因为浇水太多，导致蘑菇的生长停止。他们很失望，但是班上的幼儿帮助总结了经验和原因，于是他们没有放弃继续种植，最后取得了成功。

活动实录图

活动三：采蘑菇

实践

活动目标

1. 知道哪些蘑菇可以采摘。
2. 能够正确使用工具保护自己。
3. 体验采摘的乐趣。

活动准备

剪刀、小刀、篮子。

活动过程

一、讨论

师：哪些蘑菇可以采摘（大的还是小的）？

师：使用什么工具采摘？

师：用手直接掰还是用小刀或剪刀？

二、使用工具采摘

（一）介绍工具的名称和使用方法（小刀和剪刀）

师：哪种工具更好用，不会伤害到小蘑菇？

（二）注意安全

1. 使用工具时，注意观察自己身边是否有小朋友，不要碰到小朋友。
2. 小组分工合作完成采摘，不拿着工具四处跑。
3. 活动后，听到结束音乐，请拿好工具回到老师身边。

三、比一比

师：小朋友们已完成采收，我们来看看哪一组的蘑菇收获最多。

师：你们是怎么照顾蘑菇，让蘑菇长得又大又多呢？

四、讨论采摘的蘑菇怎么处理

师：今天我们采摘了这么多蘑菇，这些蘑菇可以用来做什么呢？

幼儿讨论。

活动反思

幼儿对蘑菇并不陌生，但是认识却不深刻。结合我班幼儿的已有经验，老师通过直接感知、实际操作、亲身体验等方法，让幼儿开启了一段奇妙的蘑菇探秘之旅。幼儿采摘完非常兴奋，都在讨论将平菇全部采摘完后又种什么蘑菇，幼儿在探索、解决种植问题的过程中获益很多。

活动实录图

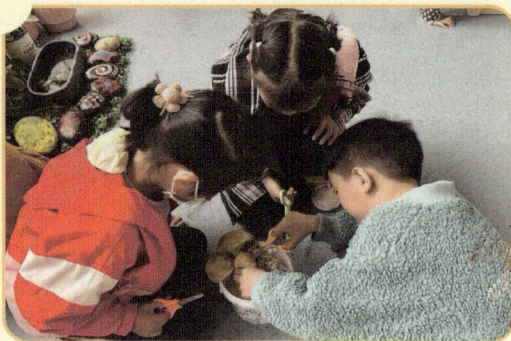

活动四：蘑菇美食

生活

活动目标

1. 了解蘑菇的营养价值，做个不挑食的小朋友。
2. 参与制作蘑菇大餐，培养他们的创造力和想象力。
3. 学习蘑菇汤的制作方法。

活动准备

蘑菇、豆腐、小葱、油、小刀。

活动过程

一、蘑菇变美食

（一）谈话活动

师：大家已经迫不及待地想要品尝蘑菇的味道了！你们知道各种蘑菇搭配不同的食材可以做出各种美味的菜肴，那么要怎样搭配才更营养更美味呢？

（二）蘑菇菜谱

师：来看看孩子们设计的蘑菇菜谱吧！有蘑菇焖饭、蘑菇芝士比萨、蘑菇绿豆比萨、蘑菇汤、香菇炖鸡汤、蘑菇牛肉面、蘑菇汤面……可真丰富呀！

孩子们围绕"蘑菇怎么吃？"提出了自己的想法，结合孩子们的想法，我们利用网络视频分享了蘑菇的其他吃法，例如：凉拌、油烤、蘑菇干脆片等多种吃法，最终孩子们决定先从品尝蘑菇汤开始。

二、制作蘑菇汤

1. 清洗平菇，把平菇分成条状备用。
2. 豆腐切块备用。
3. 小葱切段备用，食材备好后等待锅中水开。
4. 先把平菇倒入锅里煮熟，再倒豆腐。
5. 最后起锅前用小葱和盐调味，美味的平菇豆腐汤就做好了！

三、分享美食

幼儿有秩序地带着自己的餐具进行平菇豆腐汤的分享。

四、家园合作，美食大赛

师：蘑菇不仅可以煮美味的蘑菇汤，还可以做成其他什么美食呢？回去和爸爸妈妈一起研究美味的蘑菇美食并分享在群里，看看谁做得更美味！

活动反思

烹饪美食是幼儿的兴趣点，项目实施过程中，教师敏锐地关注到幼儿的兴趣点并拓宽思路，有效利用家园资源进行拓展。在制作美食时，我们没有针对刀刃进行安全教育，这给幼儿带来安全隐患，在以后的活动中应更加重视这个问题。

活动实录图

课程评价

课程评价作为及时有效的反馈，可以通过观察、记录等多种方式更全面地了解幼儿的学习成果。依据"善表达、巧创意、健体魄、喜探索、好交往"的项目目标，设置了以下的评价表。

评价维度	评价目标	评价任务	评价标准	评价方式
善表达	能用多种方式表达探究的想法与理解。能较为完整地讲述调查内容	对感兴趣的问题刨根问底。能与他人交流探究成果。能用语言促进同伴合作	★★★：能完整讲述探究内容 ★★：在引导下与同伴交流 ★：对发现的问题找不到答案	1. 观察评价 2. 儿童行为参与观察表
巧创意	喜欢欣赏多样的艺术形式和作品。具有初步的艺术表现力和创造力	能欣赏、观察各种蘑菇的造型美。能够设计蘑菇观察记录和食谱	★★★：能独立设计蘑菇食谱且富有创意 ★★：能在帮助下完成主题画 ★：在引导下撰写蘑菇观察记录	1. 观察评价 2. 儿童行为参与观察表
健体魄	提高运动能力和身体协调能力。具有基本的安全意识	通过种植活动，锻炼动手能力。通过制作平菇豆腐汤学习如何安全使用厨房用具	★★★：安全意识强，能独立准备食材 ★★：在引导下合作制作美味平菇豆腐汤 ★：需要他人引导才能完成种植	1. 观察评价 2. 儿童行为参与观察表
喜探索	亲近自然，喜欢探究。具有初步的探究能力	探究菌菇中的营养物质。能通过观察等发现蘑菇前后变化	★★★：能观察分析蘑菇，探究兴趣持久 ★★：可以在指导下进行探究 ★：对观察菌菇没有兴趣	1. 过程评价 2. 儿童行为参与观察表
好交往	愿意分享、交流探究体验。能与同伴相互配合	能和同伴协作探究。主动与同伴合作照顾蘑菇	★★★：协作探究蘑菇特征 ★★：在提示下能与同伴交流蘑菇变化 ★：没有和同伴合作照顾蘑菇	1. 观察评价 2. 儿童行为参与观察表

（本课指导老师：刘旭、王小娟、李权意）

美好的故事
正在上演课程

　　教师在上学期末给幼儿和家长布置了假期小任务，就是记录假期的美好生活。开学后，孩子们纷纷用自己的作品分享着自己的寒假生活，其中，小宁小朋友的一本《我的寒假生活》绘本书吸引了大家的注意。本班幼儿本来就喜欢看绘本、听绘本、讲绘本，于是孩子们看着这本自制绘本书，问题就来了：这绘本里面画了些什么？它是怎么制作的？我可以怎么做成一本绘本书……于是，我们追随孩子的兴趣点，结合本班幼儿发展实际，美好的故事就此上演。

项目意图

　　绘本作为一种图画与文字独特结合的文学读物，不仅满足幼儿智力发展的需要，同时对于幼儿情感、意志等非智力因素方面的培养也发挥着很大的作用。幼儿自由遨游在绘本的世界里，满足了自己心灵上的巨大需求，同时在潜移默化中发展了自身良好的认知能力，形成了良好的阅读习惯。另外，绘本作为精心制作的图画类故事书，语言简练、优美，情节富有童趣且寓意深远，对幼儿健全人格的培养有着不可替代的作用。

项目目标

　　依据《江津区东城幼儿园园本课程方案》中提到的："培养善表达、巧创意、健体魄、喜探索、好交往的儿童为课程目标。"设置了以下项目目标。

总目标	一级目标	二级目标
善表达	倾听与表达能力	能围绕绘本的内容，大胆且完整地表达交流自己的观点
	阅读能力	通过阅读绘本，理解绘本内容并发表自己的看法
巧创意	审美感知力	认识各种各样的绘本，初步感知不同绘本的类型、构成等
	审美情感力	能够主动探索、愿意欣赏自制漂亮的绘本、书签
	审美创造力	能设计创造出独特的自制绘本
健体魄	运动能力	能在与绘本相关的游戏中，发展大小肌肉群，提高身体协调力
	健康行为	在自制绘本、修补绘本的过程中，具有基本的安全意识
	运动品质	学会坚持，学会试错—调整—再尝试
喜探索	探究精神	探索如何自制吸引人的绘本
	探究能力	探索制作绘本、书签的步骤顺序
好交往	自我发展	积极主动探索并参与与绘本相关的活动，从中获得自我发展
	交往能力	分享自己的绘本。发现问题，小组成员齐心协力进行合作探究
	社会适应能力	了解绘本中的社会与人文，懂得绘本中的道理

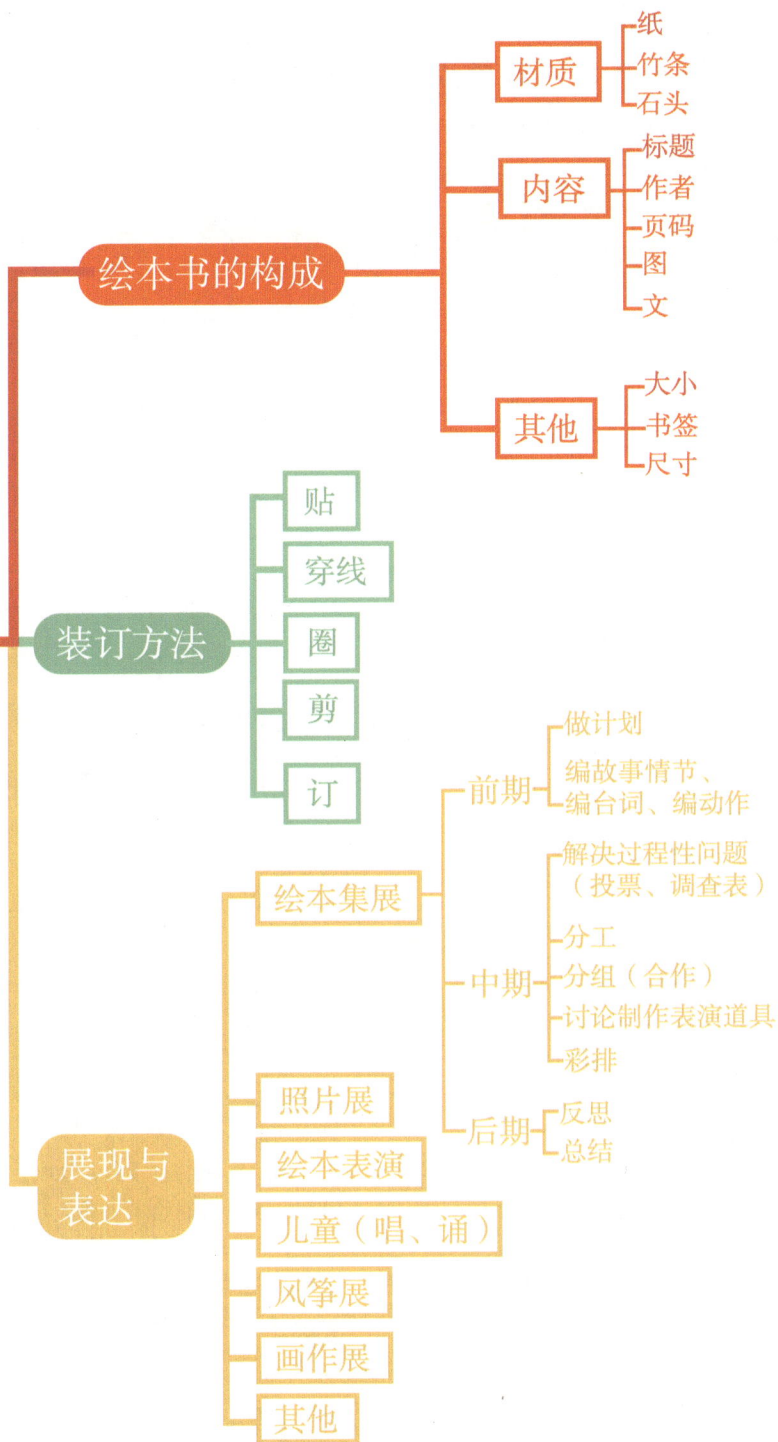

项目框架

```
                                              ┌─ 纸
                                    ┌─ 材质 ──┤─ 竹条
                                    │         └─ 石头
                                    │         ┌─ 标题
                                    │         ├─ 作者
                    ┌─ 绘本书的构成 ─┼─ 内容 ──┼─ 页码
                    │               │         ├─ 图
                    │               │         └─ 文
                    │               │         ┌─ 大小
                    │               └─ 其他 ──┼─ 书签
                    │                         └─ 尺寸
                    │               ┌─ 贴
                    │               ├─ 穿线
     美好的故事     ┼─ 装订方法 ────┼─ 圈
     正在上演       │               ├─ 剪
                    │               └─ 订
                    │                                    ┌─ 做计划
                    │                         ┌─ 前期 ──┤─ 编故事情节、
                    │                         │          └─ 编台词、编动作
                    │               ┌─ 绘本集展┤         ┌─ 解决过程性问题
                    │               │          │         │  （投票、调查表）
                    │               │          ├─ 中期 ──┼─ 分工
                    │               │          │         ├─ 分组（合作）
                    │               │          │         ├─ 讨论制作表演道具
                    │               │          │         └─ 彩排
                    │               │          └─ 后期 ──┬─ 反思
                    └─ 展现与表达 ──┤                     └─ 总结
                                    ├─ 照片展
                                    ├─ 绘本表演
                                    ├─ 儿童（唱、诵）
                                    ├─ 风筝展
                                    ├─ 画作展
                                    └─ 其他
```

项目实施计划

通过实践活动设计，幼儿不仅能够在解决问题的过程中积累知识，还能培养批判性思维、创新能力以及解决问题的能力。同时，这样的活动也有助于建立积极的师生和同伴关系，为幼儿的全面发展打下坚实的基础。如表所示。

实施阶段	具体活动
第一阶段：绘本的构成	语言活动：什么是绘本？ 调查活动：哪些是绘本？ 语言活动：各种各样的书
第二阶段：绘本封面大调查	探究活动：认识封面 调查记录活动：绘本的构成 分享讲述活动：我认识的绘本封面 社会实践亲子活动：绘本封面设计大赛
第三阶段：绘本的装订、修补办法	探究活动：绘本坏掉了 探究活动：绘本怎么修补 艺术活动：修补图书 实践活动：修书小分队 社会活动：图书管理员 区域活动：检查、修补、摆放图书
第四阶段：自制绘本	亲子活动：一起自制绘本吧 1.0 实践活动：我做的绘本 1.0 语言活动：我的绘本故事 1.0 亲子活动：一起自制绘本吧 2.0 语言活动：我做的绘本 2.0 实践活动：我的绘本故事 2.0 语言活动：自制绘本讲述大赛
第五阶段：书签小事	探究活动：书签小事 实践活动：我自制的书签
第六阶段：我们的绘本展	语言活动：课程小结 期末活动：自制绘本、书签展

典型活动

活动一：认识各种各样的书

活动目标

1. 认识各样的书，了解书的基本构造（一般由封面、书脊、扉页、正文、封底构成）。

2. 学习看书的正确方法。

3. 增加阅读的兴趣。

活动准备

和幼儿一起收集各种各样的书，如苹果书、布书、立体书等；多媒体教学设备。

活动过程

一、认识各种各样的书

幼儿自由阅读自己带来的书，请几个幼儿上来介绍一下自己的书。

老师向幼儿分别展示各种收集到的书（如苹果书、立体书、布书等），了解这些书各自不同的特点。

师：介绍苹果书，你喜欢这本书吗？为什么？

师：介绍立体书，这本书和我们以前看过的书有什么不一样？

师：介绍布书，这本书是用什么材料做的？请小朋友摸一摸，布和纸有什么不同？布做的书有什么好处？

二、了解书的基本构造（封面、封底）及它们的作用

师：书的第一页叫封面，封面上有书名，书的最底下的那一页叫封底，封底上有条码。

请 1 至 2 名幼儿上来找找图书的封面和封底。封面和封底为什么要厚一点、硬一点？它们有什么作用？

三、学习看书的正确方法

师：看书时要保持安静，身体要坐端正，从封面开始看，一页一页轻轻翻，从第一页看到最后一页。（可以请小朋友说说自己是怎样看书的）每人选择一本书自主阅读。

活动反思

在本次活动中幼儿认识了电子书、布书、立体书、苹果书等，并了解它们的用途，还掌握了看书的正确方法。

活动实录图

活动二：修补图书

社会

活动目标

1. 探索修补图书的方法。
2. 知道学会爱护图书，和图书交朋友。
3. 提高动手能力。

活动重难点

1. 重点：培养幼儿保护图书的意识。
2. 难点：养成爱护图书的好习惯。

活动准备

破旧的图书，双面胶、剪刀等辅助工具。

活动过程

一、歌曲导入

播放歌曲《小图书你别哭》

提出问题：歌曲中的小人儿书为什么哭了？后来它又为什么又笑了？
（幼儿回答）

二、观察图片

师：桌子上有许多书，我们来看一看这些书怎么了？

师：为什么这些书坏了？我们应该怎样爱护图书？这么多书坏了怎么办？

三、学习儿歌

小小图书真好看，仔细瞧来慢慢翻，轻拿轻放爱护它，小朋友们心喜欢。

四、修补图书

师：小朋友们，这里有一些东西可以修补图书，你们试试用什么东西修补最合适？

（幼儿修补图书，老师巡回指导）

说一说：你是怎么修补图书的？

活动反思

　　活动当中，幼儿愿意主动探究、动手尝试，用不同的方法修补图书，熟悉常见的修补图书的工具，幼儿在提高了动手能力的同时懂得了要爱惜图书，与图书宝宝做好朋友。

活动实录图

社会

活动三：图书管理员

活动目标

1. 通过整理图书活动，掌握整理图书的方法和技巧。
2. 在实际操作中提高独立整理物品的能力。
3. 养成爱惜图书、爱看书的好习惯。

活动准备

1. 幼儿自带各种各样、大小不一、厚薄不同的图书。
2. 图书架、图书摆放整齐的图书架样例。

活动过程

一、各小组把自己带来的书放在一起，堆在桌子上

师：这么多书放得这么乱，你打算怎么把书放整齐？

请个别幼儿说一说自己想到的整理图书的方法。

二、请一名幼儿利用图书架演示整理图书

说一说：为什么要这样整理图书？

三、引导幼儿讨论

师：要想整理好图书架有没有技巧？技巧在哪里？

将幼儿分成六组，大家运用自己想到的方法和技巧，把自己小组的图书整理并摆放好。

老师小结，表扬图书整理得好的小组。

活动延伸

请小朋友们回家整理自己家里的图书和自己房间的物品。

活动反思

因为是大班幼儿了，大家对整理自己的物品已经有一定的归拢、分类能力，所以本次活动的目标基本上达到了，通过此次整理图书活动，可以看出幼儿能积极参与，而且能想出各种办法来整理图书。幼儿的讨论也很热烈，发言积极、踊跃。

活动实录图

艺术

活动四：自制绘本

活动目标

1. 了解绘本的作用和特点，激发阅读兴趣。
2. 掌握绘本制作的基本技能，培养手工能力和创造力。
3. 通过绘本制作进行主题思考，提高表达能力和创造力。

活动准备

绘本、颜料、画笔、剪刀、装订工具等。

活动过程

一、阅读绘本

通过直观的方式让幼儿了解绘本的作用和特点。

合作学习法：通过小组合作制作绘本，促进幼儿的合作意识和团队精神。

二、幼儿进行主题思考，自主选择绘本的主题

根据幼儿的选择，提供相应的材料和工具，让幼儿开始制作绘本。

在制作的过程中，老师适时地给予指导和帮助，让幼儿学会如何使用材料和工具。

通过小组合作制作绘本，培养幼儿的合作意识和团队精神。

在绘本制作完成后，组织幼儿进行展示和分享，让幼儿互相欣赏和学习。

活动反思

通过第一次的操作，幼儿基本掌握了制作图书的基本步骤，接着鼓励幼儿选择自己需要的材料动手制作属于自己的一本图书。

在第二次操作时，幼儿对图书的整体结构和制作过程又有了进一步认识。他们制作的图书有的是自己熟悉的故事，例如《小鹿历险记》《拔萝卜》；有的是类似自然界的动、植物不断生长变化的记录，例如《毛毛虫长大了》《种豆豆》；有的则记录了自己的成长，例如《宝宝想长高》《我的绘画作品集》等。内容丰富多彩。

将幼儿做成的书放在班级"阅读区"后，我们观察发现自制图书的翻阅率非常高，幼儿对自己的图书爱不释手，他们也互相欣赏、互相交

流。自制图书既丰富了幼儿的讲述内容，又进一步激发了幼儿的阅读和交流兴趣，让大家受益匪浅。

活动实录图

艺术

活动五：制作书签

活动目标

1. 能用画、剪贴等多种技能装饰书签，图案美观。
2. 尝试设计并剪出不同大小、形状的书签。
3. 体验劳动带来的快乐。

活动重难点

1. 重点：尝试设计并剪出不同大小、形状的书签。
2. 难点：在制作过程中，能用各种技能丰富作品。

活动准备

书签图片、剪刀、丝带、打孔机。

活动过程

一、开始部分

幼儿随轻音乐进入美术室，组织幼儿坐好。

二、基本部分

教师出示各种书签，让幼儿欣赏，引起幼儿兴趣。

（一）让幼儿讨论书签的作用（幼儿回答）

教师小结：书签能够帮助读者记住阅读的页数，对图书起着一定的保护作用。

幼儿讨论见过的书签及制作方法（可用喷画、撕贴、线条画等多种美术手段制作书签）。

（二）教师出示美丽的热带鱼书签

幼儿观察讨论其制作方法，教师讲解示范热带鱼书签的制作方法：

1. 在厚卡纸上画出热带鱼的图案。
2. 用彩笔给热带鱼涂上漂亮的颜色。
3. 用剪刀沿图案轮廓剪下来。
4. 在图案后面用透明胶粘上毛线。

（三）幼儿制作书签

发给幼儿足够的制作材料制作书签，教师巡回指导，及时帮助有困

难的幼儿。(播放轻音乐)

三、结束部分

教师鼓励幼儿选用不同材料制作,提醒幼儿注意剪刀的使用方法及安全,最后不要忘了系上彩带。

制作完成后,将作品摆放在桌子上,幼儿互相欣赏作品。

活动反思

在整个活动中,幼儿表现出了极大的兴趣和创造力。通过观察彩纸的颜色和纹理,幼儿能够区分不同的颜色和纹理。在制作过程中,幼儿比较独立,完成的速度也很快,可以体现出他们比较强的手工制作能力。最后,通过展示作品,幼儿都表达了对彼此学习成果的尊重和支持,展现了团队协作精神。下次还可以在活动中增加各种材料的使用,让幼儿能够学习到更多美术技巧,提高他们的创造力和想象力。

活动实录图

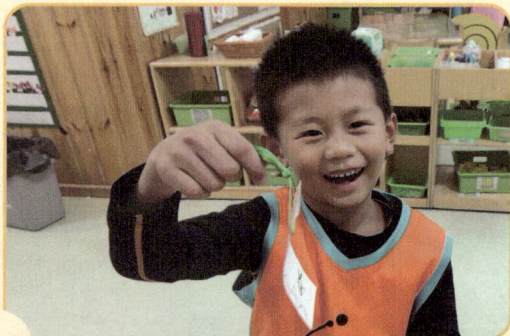

课程评价

课程评价可以作为家校沟通的基础，让教师和家长了解儿童表现，关注儿童成长。依据"善表达、巧创意、健体魄、喜探索、好交往"的项目目标，设置了以下评价表。

评价维度	评价目标	评价任务	评价标准	评价方式
善表达	1. 通过阅读绘本，理解绘本内容，能说出主要内容，并发表自己的看法 2. 能主动积极与同伴分享自己的想法	1. 通过自制绘本故事讲述大赛，说出故事的主要内容 2. 通过修补图书、自制书签等活动，表达出自己探究的过程和结果	★★★：能大胆且完整说出故事的内容或探究的过程及结果 ★★：在教师的引导下，能大胆且较完整说出故事的内容或探究的过程及结果 ★：不能大胆说出故事的内容或探究的过程及结果	1. 观察评价 2. 儿童行为参与观察表
巧创意	1. 认识各种各样的绘本，初步感知不同绘本的类型、构成、装订、修护方法 2. 能够主动探索、愿意欣赏自制漂亮的绘本、书签 3. 用不同的材料、颜色、内容可以构建不同的绘本书，发挥想象力，设计创造独特的自制绘本	1. 通过认知绘本、问卷调查等探究活动，说出不同绘本的类型、构成、装订、修护方法 2. 通过自制绘本、书签等活动，发散自己的思维，提高自己的创新力	★★★：说出不同绘本的类型、构成、装订、修护方法，自制出有创意、有美感的绘本、书签 ★★：能在老师的引导下，说出不同绘本的类型、构成、装订、修护方法，自制出有创意、有美感的绘本、书签 ★：不能说出不同绘本的类型、构成、装订、修护方法，也不能自制出有创意、有美感的绘本、书签	1. 观察评价 2. 儿童行为参与观察表

续表

评价维度	评价目标	评价任务	评价标准	评价方式
健体魄	1.能在与绘本相关的游戏中,发展大小肌肉,提高身体协调力 2.在自制绘本、修补绘本的过程中,学会安全使用材料和工具,具有基本的安全意识 3.在讲绘本故事、自制绘本等过程中学会坚持,学会试错—调整—再尝试	1.通过自制绘本、自制书签、修补图书等活动,锻炼精细化动作及动手能力 2.学习安全使用剪刀、胶带等用品	★★★:能自己独立完成修补图书的任务,能独立完成绘本故事的创编、自制等 ★★:在老师或家长的引导下,能自己独立完成修补图书的任务,能独立完成绘本故事的创编、自制等 ★:不能自己独立完成修补图书的任务,不能独立完成绘本故事的创编、自制等	1.观察评价 2.儿童行为参与观察表
好交往	1.积极主动探索并参与与绘本相关的活动,从中获得自我发展 2.分享自己的绘本。发现问题,大胆表达交流自己的观点,小组齐心协力共同合作探究 3.在了解自制绘本、办绘本展、讲绘本故事比赛的过程中,了解绘本中的社会与人文,懂得绘本中的道理	1.通过当图书管理员、自制绘本等活动,主动参与到绘本、修补图书、图书管理员等活动中 2.通过自制绘本、书签、故事讲述大赛等,和他人合作完成绘本、书签制作、图书修补、绘本展等 3.通过故事讲述大赛等活动,喜欢且能大胆在大家面前展示自己的绘本故事、书签,分享自己修补图书的经验	★★★:能主动参与探究活动,能和他人合作完成任务,且能大胆在大家面前展示自己的绘本故事、书签,分享自己修补图书的经验 ★★:在老师及家长的引导下,主动参与探究活动,和他人合作完成任务,且大胆在大家面前展示自己的绘本故事、书签,分享自己修补图书的经验 ★:不愿意主动参与探究活动,也不愿意和他人合作完成任务,且不敢在大家面前展示自己的绘本故事、书签	1.观察评价 2.儿童行为参与观察表

（本课指导老师：邓皓文、刘婷）

孔雀的"蛋"生课程

壮壮和美美作为幼儿园的园宝，陪伴着小朋友的成长。孩子们对于孔雀的基本生活习惯、形态特点有了一定的了解，为了更深入了解孔雀，我们采访了曾经喂养孔雀的同学，了解到孔雀将在三月份下蛋。根据上次的经验，孩子们提前准备迎接孔雀宝宝的到来。

项目意图

《3~6岁儿童学习与发展指南》中指出，要为幼儿创设丰富的教育环境，最大限度地支持和满足幼儿通过直接感知、实际操作和亲身体验获取经验的需要。《幼儿园活动课程》中也明确指出，以幼儿为主体，教师为主导，促进幼儿学习的主动性。

项目式课程是基于幼儿在真实情境中产生兴趣，继而支持幼儿开展后续探索的一种观察和记录形式，能反映幼儿发展的持续性，激发幼儿学习兴趣，为幼儿的终身学习奠定基础。

项目目标

依据《江津区东城幼儿园园本课程方案》中提到的："培养善表达、巧创意、健体魄、喜探索、好交往的儿童为课程目标。"设置了以下项目目标。

总目标	一级目标	二级目标
善表达	倾听与表达能力	能通过辩论赛等形式清楚有序地表达自己的想法
	书面表达	在活动中能通过图画和符号的方式表达自己的想法
	文明用语	谈话活动中能文明用语，懂得按顺序讲话，不打断别人
巧创意	审美感知力	通过观察孔雀，能感受欣赏孔雀的美
	审美创造力	面对孔雀蛋时，能用不同的材料或不同的表达进行艺术创作
喜探索	探究能力	通过观察、比较、分析发现并表述孵化过程中孔雀蛋的前后变化
	探究事物	在孵化的过程中了解孵化的步骤，知道尊重和珍惜生命
	探究数与量	发现生活中很多问题能用数学解决。能用简单的统计表表达孵化结果
好交往	交往能力	愿意与老师和同伴分享在孵化过程中的发现和问题
	友好相处	活动时和同伴分工合作，遇到问题一起克服

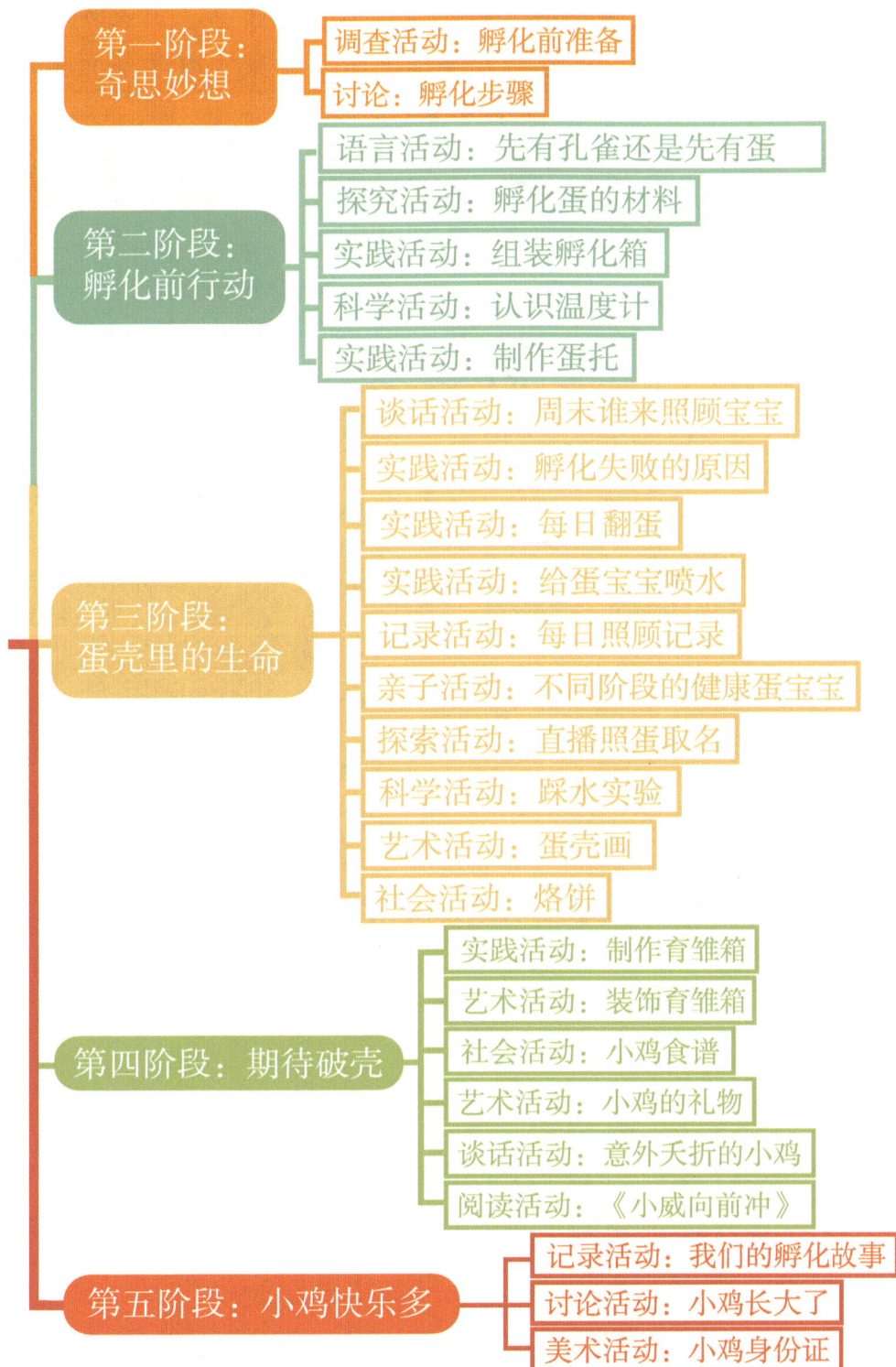

项目框架

孔雀的『蛋』生

第一阶段：奇思妙想
- 调查活动：孵化前准备
- 讨论：孵化步骤

第二阶段：孵化前行动
- 语言活动：先有孔雀还是先有蛋
- 探究活动：孵化蛋的材料
- 实践活动：组装孵化箱
- 科学活动：认识温度计
- 实践活动：制作蛋托

第三阶段：蛋壳里的生命
- 谈话活动：周末谁来照顾宝宝
- 实践活动：孵化失败的原因
- 实践活动：每日翻蛋
- 实践活动：给蛋宝宝喷水
- 记录活动：每日照顾记录
- 亲子活动：不同阶段的健康蛋宝宝
- 探索活动：直播照蛋取名
- 科学活动：踩水实验
- 艺术活动：蛋壳画
- 社会活动：烙饼

第四阶段：期待破壳
- 实践活动：制作育雏箱
- 艺术活动：装饰育雏箱
- 社会活动：小鸡食谱
- 艺术活动：小鸡的礼物
- 谈话活动：意外夭折的小鸡
- 阅读活动：《小威向前冲》

第五阶段：小鸡快乐多
- 记录活动：我们的孵化故事
- 讨论活动：小鸡长大了
- 美术活动：小鸡身份证

项目实施计划

在设计幼儿实施活动时，我们应该全面考虑幼儿在各个领域的发展需求，巧妙地将语言、科学、社会、艺术、健康和数学等元素融入活动中，让幼儿在愉快的氛围中全面发展。如表所示。

实施阶段	具体活动
第一阶段：奇思妙想	调查活动：孵化前准备 讨论活动：孵化步骤 语言活动：先有孔雀还是先有蛋 探究活动：孵化器的材料
第二阶段：孵化前行动	实践活动：组装孵化箱 科学活动：认识温度计 实践活动：制作蛋托 谈话活动：周末谁来照顾蛋宝宝 实践活动：孵化失败的原因 实践活动：每日翻蛋 实践活动：给蛋宝宝喷水 记录活动：每日照顾记录
第三阶段：蛋壳里的生命	亲子活动：不同阶段的健康蛋宝宝 探究活动：直播照蛋取名 科学活动：踩水实验 艺术活动：蛋壳画 社会活动：烙饼 实践活动：制作育雏箱 艺术活动：装饰育雏箱 社会活动：小鸡食谱
第四阶段：期待破壳	艺术活动：小鸡的礼物 谈话活动：珍爱生命 阅读活动：《小威向前冲》 记录活动：我们的孵化故事
第五阶段：小鸡快乐多	讨论活动：小鸡长大了 美术活动：小鸡身份证

典型活动

活动一：先有孔雀还是先有蛋

语言

活动目标

1.知道遵守轮流发言、举手示意、有序抢答等基本的辩论规则。

2.通过辩论，积极专注地倾听他人的发言，大胆表达自己的想法和观点。

3.能感受到与别人交流沟通的乐趣。

活动准备

知识经验准备：

1.组织幼儿看浅显易懂的辩论赛。

2.根据幼儿观点请家长一起收集有关资料，并进行归纳、总结，找出论据。

环境材料准备：将座位分成两组，立牌"先有孔雀""先有蛋"。

活动过程

一、通过谈话，激发幼儿进行辩论的兴趣

出示上次的孵化步骤以及孔雀的一生的调查报告。提出讨论主题：先有孔雀还是先有蛋？

二、通过讨论确定自己的意见并把幼儿分为正反两组

幼儿根据教师的提问讨论，并根据讨论的结果将幼儿分组：正方先有孔雀、反方先有蛋。

鼓励幼儿与同伴交流。

幼儿明确自己的观点，懂得参与辩论的规则。

三、幼儿激烈辩论，教师做裁判，以证据充足的一方为胜

可先请正方说一说好在哪里，对于证据不充足的一方，教师可以不记分，哪一组列出一条充足的证据就给哪一组加一分，直到说完为止。

如辩论过程中有幼儿偏题，教师应及时引导幼儿的辩论方向。

对于辩论过程中出现的冷场现象，教师应及时给予提示引导，以加强辩论的气氛。

在规定时间内还没完成的小组，教师应引导并做简单小结。

四、鼓励幼儿推选出"辩论手"

选出"辩论手"，鼓励幼儿大胆评价。

师：你觉得谁是辩论手？为什么？

教师根据幼儿现场表现，从阐述观点、遵守规则两方面给予评价。

师：你们第一次进行这样的活动，表现都很棒。第一，你们都想说，而且都很勇敢地说，都能清楚地说，这是老师最希望看到的；第二，你们都能遵守辩论规则，知道看着对方，知道轮流举手发言，自由辩论的时候，一个小朋友站起来讲，其他小朋友都保持安静，这样非常有秩序，每个人说的话都能听清楚。

活动反思

无论是对幼儿的参与还是对教师的组织而言，辩论都是一项非常具有挑战性的活动。活动前期，幼儿的活跃度较高，大家都积极发表自己的看法。由于大多数幼儿在辩论赛前做好了准备，所以他们在辩论的过程中始终显得很自信，独立性强，也颇有创造性，交流、合作、互助、分享等良好社会交往技能在不知不觉中形成。

活动后期，当幼儿发表完自己的观点之后就有些冷场。个别幼儿没做好准备，没有自己的想法，总是重复别人的说法，下次可以和这部分幼儿的家长单独沟通。

活动实录图

科学

活动二：认识温度计

活动目标

1. 认识常见的温度计，了解其用途。
2. 初步掌握正确使用温度计的方法及测量、记录的简单技能。
3. 激发幼儿测量温度的兴趣，培养幼儿的探索精神。

活动准备

1. 幼儿人手一根水温计、一张记录卡、一支笔。
2. 每组幼儿人手一杯冷水、一杯热水。
3. 温度计模型，温度计（气温计、体温计）若干。

活动过程

一、导入活动，引起兴趣

（一）出示孵化器的温度显示器，引导幼儿猜测它的作用。

师：孵化温度是37.8℃左右，我们的孵化器上的温度显示器显示47.6℃，说明了什么？我们怎么验证温度对不对呢？

出示温度计，请幼儿仔细观察水温计，说出它的特征：玻璃管子、红柱子、数字。

（二）出示温度计模型，认读记录温度。

师：温度计里的红柱子和数字有什么用？

师：红柱子指的数字就是温度，我们可以用"℃"来记录，读作摄氏度。移动模型中的红柱子，指导幼儿记录温度，第一次可由老师记录，接下来可由幼儿记录。

二、活动主题，学习使用温度计

（一）幼儿操作活动：测量并记录水温。

师：孩子们，你们觉得测量有趣吗？请你们把孵化器里的温度测量出来，并记录在小卡片上。

在测量前提几个小要求：

1. 温度计是用玻璃制作的，特别容易碎，请小心使用。
2. 碰到困难，请仔细想一想，或与小朋友商量，想出解决的办法。
3. 结束后，请与小朋友说说，你是怎么测量的？

幼儿第一次操作，教师观察，了解孩子碰到了什么困难？是否想办法解决了困难。

（二）幼儿交流。

师：你是怎么使用温度计的？怎样观察的？怎样记录的？碰到了哪些困难？又是怎么解决的？

（三）继续指导幼儿测量热水和冷水的温度并记录。

第二次操作。

师：刚才我们测量了冷水和热水的温度，发现了什么？

幼儿交流，温度计中的红柱子的长度会发生变化。

师：是怎么变化的呢？从冷水到热水怎么变？从热水到冷水又会怎么变呢？

老师小结：热胀冷缩。

三、游戏：热胀冷缩

师：小朋友，老师有个提议，我们来玩个"热胀冷缩"的游戏好吗？那这个"热胀"怎么来做？这个"冷缩"怎么来做？

想出来后，师幼一起做两遍游戏。

四、了解温度计的其他用途

师：温度计还有什么作用？你在哪里见过？

请了解后与小朋友或老师交流。

活动反思

由于幼儿园材料的限制，在活动中，只有三支体温计给幼儿操作，以致造成幼儿争抢体温计、幼儿等待的时间过长等问题的出现。在活动中我虽然激起了幼儿的兴趣，但是身为师者，我却不能给他们提供充分的操作机会（个别内向的幼儿甚至都没有摸到温度计）。因为材料的限制，这些活动只向幼儿灌输了如何拿温度计，而其他的探索活动都只是纸上谈兵。

活动后，我深刻地反思我自己：如果能为幼儿提供充足的温度计，我相信这次活动，幼儿肯定受益匪浅，因为兴趣是最好的老师！可是不可替代的材料限制了活动。我的策略是在孵化孔雀蛋的过程中，多次对孩子进行引导，趁着孩子的兴趣还没有消退的情况下，带到区域再进行。

活动实录图

活动三：烙饼

社会

活动目标

1. 通过幼儿参与、尝试，让幼儿了解烙饼的全过程。
2. 有合作精神和爱劳动的意识。
3. 珍惜粮食，体验和同伴一起制作、品尝烙饼的快乐。

活动准备

孔雀蛋、面粉、花生油、锅，每人一个小盘子。

活动过程

一、活动导入，讨论：未受精的孔雀蛋可以怎么处理

师：上次我们给孔雀蛋照蛋，发现有的蛋没有受精。我们能利用没有受精的蛋能做什么呢？

二、活动主体，猜猜如何制作烙饼，学习制作烙饼

观看录像，了解制作烙饼过程，师生共同商讨制作烙饼的简单程序：首先将面粉、孔雀蛋、糖放入盆里，加入牛奶和水调成面糊，将锅里刷上油，取适量面糊放入锅里进行烙饼。

幼儿调制面糊：

1. 幼儿分组，每组成员合作在面粉中加入孔雀蛋、牛奶和白糖。
2. 幼儿尝试和面糊，按一定比例加入水和面，和出来的面糊不能太稀或太稠，要适中。

三、观看烙饼，尝试烙一个饼

1. 老师将面粉和锅放置好，让幼儿观看面糊怎么放，火候要烧到什么样，什么时候饼就烙好了。（注意：在观看时，幼儿不要靠锅太近，以免烫伤）
2. 幼儿上台尝试烙饼，老师在旁边指导。

四、品尝烙饼

以自助餐的形式，幼儿每人一个盘子，把烙饼放在盘中，让幼儿品尝，进行评价。

结束后，幼儿自己收拾餐具。

活动延伸

开展角色游戏"卖烙饼"。

活动反思

烙饼是幼儿喜欢的一种食品，所以在整个制作过程中幼儿很感兴趣，在合作和面的过程中也看出了幼儿有合作精神。特别是上台来烙饼时，幼儿特别积极，能看出幼儿也有爱劳动的意识。同时我们通过观看烙饼的视频，体会到父母及劳动人民的不易。

但是老师还不够大胆放手，担心幼儿在烙饼的过程中遇到危险，没有让幼儿自由发挥，只能让幼儿一个一个上台体验，所以有些幼儿的等待时间较长。下次可以邀请家长入园助教，既可以保证幼儿在操作过程中的安全，也可以促进家园合作。

活动实录图

活动四：蛋壳画 美术

活动目标

1. 通过活动，大胆想象并学会在蛋壳作画。
2. 参与实践，培养其动手操作能力和与同伴合作能力。
3. 能根据所观察到的现象大胆地在同伴之间交流，体验帮助他人的快乐。

活动准备

抽空蛋液的蛋壳、水彩、画笔、双面胶、彩色纸、毛线等材料。

活动过程

一、活动引入，激发幼儿兴趣

师：上次我们给孔雀蛋照蛋，发现有的蛋没有受精。我们利用没有受精的蛋做了美食。那么，这些孔雀蛋壳能做什么呢？

小结：有的小朋友说可以画蛋壳，也可以用蛋壳来做装饰画。

二、活动主题，制作蛋壳画

（一）制作蛋壳画

1. 老师把蛋壳宝宝学具发到各组，让幼儿观看宝宝的样子，都用什么材料。
2. 让幼儿说一说做蛋壳宝宝都用到了哪些材料？（幼儿抢着说）看谁说得好，就奖励他一个笑脸。
3. 让幼儿说一说你喜欢画什么样的宝宝？（衣服、头饰等）
4. 教师把材料发到各组。
5. 幼儿自由作画。不能独立完成的，小组伙伴可以帮助他完成。
6. 教师行间巡视，掌握幼儿作画情况。

（二）作品欣赏

1. 幼儿把做好的蛋壳宝宝放在桌子上。
2. 比一比，说一说。各小组看一看谁做得最漂亮，选三个漂亮的宝宝放到讲台上。
3. 让幼儿互相欣赏、交流。被选上的小朋友到前面说一说自己作品制作过程，其他小朋友评一评。
4. 教师指导。

（1）用蛋壳作画，要用水彩笔把图案在蛋壳上画好，画漂亮。
（2）彩纸的颜色要选好。选出自己喜欢的颜色。
（3）衣服、头发等一定要粘住。
（4）蛋壳的口要封好。

活动反思

　　本次活动过程中，幼儿小心翼翼，就怕一不小心会将蛋壳捏碎，大家认真仔细地在蛋壳上进行创作，一件件作品就在他们手中诞生了。幼儿在趣味性的游戏活动中掌握了相应的技能，获得了快乐的情绪体验。然而活动中也存在不足之处，比如有的幼儿不会画图，有的水彩笔不出水，还有的幼儿使用剪刀不太灵活。这些情况表明老师在课前准备方面还有改进的空间。

活动实录图

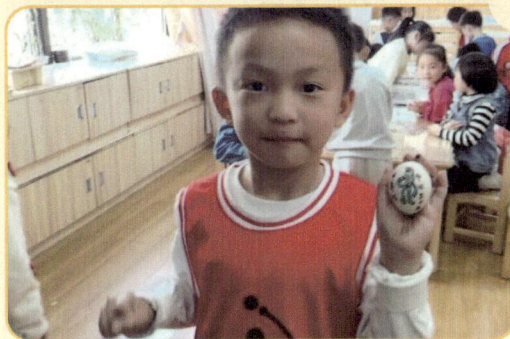

活动五：珍爱生命 谈话

活动目标

1. 回顾小鸡出壳的过程，知道生命的来之不易，我们每个人也只有一次生命。

2. 感知人生是一个美丽的过程，帮助幼儿树立自己美好的理想。

3. 增强应对挫折的勇气，笑对困难、挑战挫折的乐观精神。

活动准备

制作课件、画纸、油画棒。

活动过程

一、导入活动，知道生命的来之不易

回顾小鸡破壳的视频，引导幼儿观察，并提出问题。

师：视频里都有谁？知道它是从哪里来的吗？小鸡是怎么出壳的？

师：小鸡慢慢啄破蛋壳，十分辛苦但也没有放弃。

引导幼儿观察破壳失败的小鸡会怎样。

师：小鸡破壳失败死亡了，小鸡的生命来之不易，我们每个人也只有一次生命。

二、引导幼儿感受人生的美好

（一）播放幻灯片：出示一系列"美丽人生"的图片

幼儿边听音乐边欣赏，如：生日照，结婚照等。

师：我们的生命有这么多美好的事情，要珍惜生命才能享受这个美丽的过程。

（二）播放幻灯片：请幼儿欣赏教师的"美丽人生"

师：每个人都有自己的"美丽人生"，老师也有，小朋友愿意和我一起分享吗？

教师边播放幻灯片边讲解。

师：老师还会有很长的时间，还要去学习，继续去实现自己一个又一个美丽的理想，即使有失败也不能放弃。

集体讨论，你的理想美丽人生是怎样的？

请个别幼儿讲述。

三、幼儿分组：把自己的理想在画纸上表现出来

师：画完后，可以把自己的理想讲给身边的人听。

活动反思

当代社会中幼儿因所处的家庭环境、社会环境较为优越，因而养成了一种安逸享乐的习惯，解决困难的能力、心理承受力都较差。因此，当困难然降临时，往往不知所措，采取逃避的态度，有的甚至"轻生"。因此我们可以让幼儿从孵化小鸡的亲身体验出发，了解生命的可贵。

还可以利用网络资源，获取由于轻视生命、忽略生命而舍弃生命的资料，看看他们的轻生给周围的亲人与社会带来了怎样的伤害和影响。

活动实录图

课程评价

　　课程评价可以帮助教师了解每个幼儿的学习情况和发展特点，从而有针对性地调整教学内容与方法，满足幼儿个性化的学习需求。依据"善表达、巧创意、健体魄、喜探索、好交往"的项目目标，设置了以下的评价表。

评价维度	评价目标	评价任务	评价标准	评价方式
善表达	1. 能够清楚有序地表达自己的想法 2. 能通过图画和符号表达想法 3. 懂得文明用语，懂得按顺序讲话，不打断别人	1. 通过辩论赛清楚有序地表达自己的想法 2 通过图画和符号等记录孵化日记	★★★：能记录孵化日记并参加辩论比赛，清楚、有序地表达自己的想法 ★★：偶尔记录孵化日记，愿意参加辩论比赛，在引导下能说出自己的想法 ★：不会记录孵化日记，在引导下也不能说出自己的想法	1. 观察评价 2. 儿童行为参与观察表
巧创意	1. 能感受欣赏孔雀的美 2. 能用不同材料进行艺术创作	1. 观察孔雀，开展相关的绘画创作活动 2. 用未受精的孔雀蛋壳进行艺术创作	★★★：能积极参与艺术创作活动，能表达自己的想法 ★★：在引导下完成创作，有自己的想法 ★：不喜欢艺术活动，没有自己的想法	1. 观察评价 2. 儿童行为参与观察表
喜探索	1. 探索发现并表述孵化过程中孔雀蛋的变化 2. 了解孵化的步骤，知道尊重和珍惜生命 3. 能用简单的统计表表达孵化的结果	1. 在孵化的过程中学习认识温度计 2. 能用统计表记录孔雀蛋是否受精 3. 直播观看破壳过程，知道珍惜和尊重生命	★★★：知道孵化的步骤，能统计出孔雀蛋的孵化结果 ★★：了解孵化步骤，在引导下能统计出孔雀蛋的孵化结果 ★：不清楚孵化过程，完全需要他人帮助才能统计出孔雀蛋的孵化结果	1. 观察评价 2. 儿童行为参与观察表
好交往	1. 愿意与老师和同伴分享发现的问题 2. 和同伴分工合作，遇到问题一起克服	1. 在遇到困难时主动求助老师和同伴 2. 能和同伴分工合作，遇到问题不气馁	★★★：能分工合作，遇到问题，主动寻求老师和同伴的帮助 ★★：在引导下和同伴合作 ★：不愿意与同伴合作，遇到问题有畏难情绪	1. 观察评价 2. 幼儿行为参与观察表

（本课指导老师：陈成、刘霞）

玩转篮球课程

一天，大六班的孩子们因为偶然的机会观看了一场篮球比赛，他们在现场展开了热烈讨论："哎呀！他们的球怎么投反了！""他们应该是交换了场地。"

老师看见孩子们对篮球产生了兴趣，便询问有没有小朋友想要参加"3V3"篮球比赛，没想到得到了孩子们的热烈回应。

"老师，我很想去，我每周一都在打球！"

"老师，我会拍篮球，我经常在爸爸的运动馆锻炼。"

"老师，女生可以去吗？老师，我个子比较矮可以去吗？"

……

兴趣是激发幼儿主动探索的原动力，于是我们以此为出发点开展了"玩转篮球"项目课程。

项目意图

　　《3~6岁儿童学习与发展指南》中指出，要为幼儿创设丰富的教育环境，最大限度地支持和满足幼儿通过直接感知、实际操作和亲身体验获取经验的需要。

　　兴趣是最好的导师，我们应该追寻幼儿的兴趣。结合《幼儿园入学准备指导要点》中"身心准备""社会准备"中相关发展目标，基于追随儿童兴趣，我班开展了"玩转篮球"项目课程活动，旨在支持和满足幼儿通过直接感知、实际操作和亲身体验获取经验，让孩子们在探究中积累有益的直接经验和情感认知，从而顺利步入小学的生活和学习。

项目目标

　　依据《江津区东城幼儿园园本课程方案》中提到的："培养善表达、巧创意、健体魄、喜探索、好交往的儿童为课程目标。"设置了以下项目目标。

总目标	一级目标	二级目标
善表达	倾听与表达能力	用语言、文字或者符号记录并表达自己的想法
	阅读能力	能够积极分享自己的猜测，并较为连贯地表达
巧创意	审美感知力	通过设计球衣、球鞋、队徽等，能够在其中感知材质、颜色、搭配和文字的美
	审美情感力	喜欢欣赏各式各样的球衣、球鞋等，愿意和同伴分享自己对于美的感受
	审美创造力	能认真思考，大胆想象，设计出具有美感和特色的球衣、球鞋、队徽等
健体魄	运动能力	通过游戏活动、日常练习等发展幼儿的拍球、投球、传球、行进间运球的动作技能
	健康行为	发展幼儿的身体协调能力
	运动品质	养成每天爱运动的好习惯，对自己动作技能的进步感到自豪
喜探索	探究精神	观察篮球的特征，认识篮球，探索熟悉篮球规则，开展篮球比赛
	探究能力	养成每天爱运动的好习惯，对自己动作技能的进步感到自豪

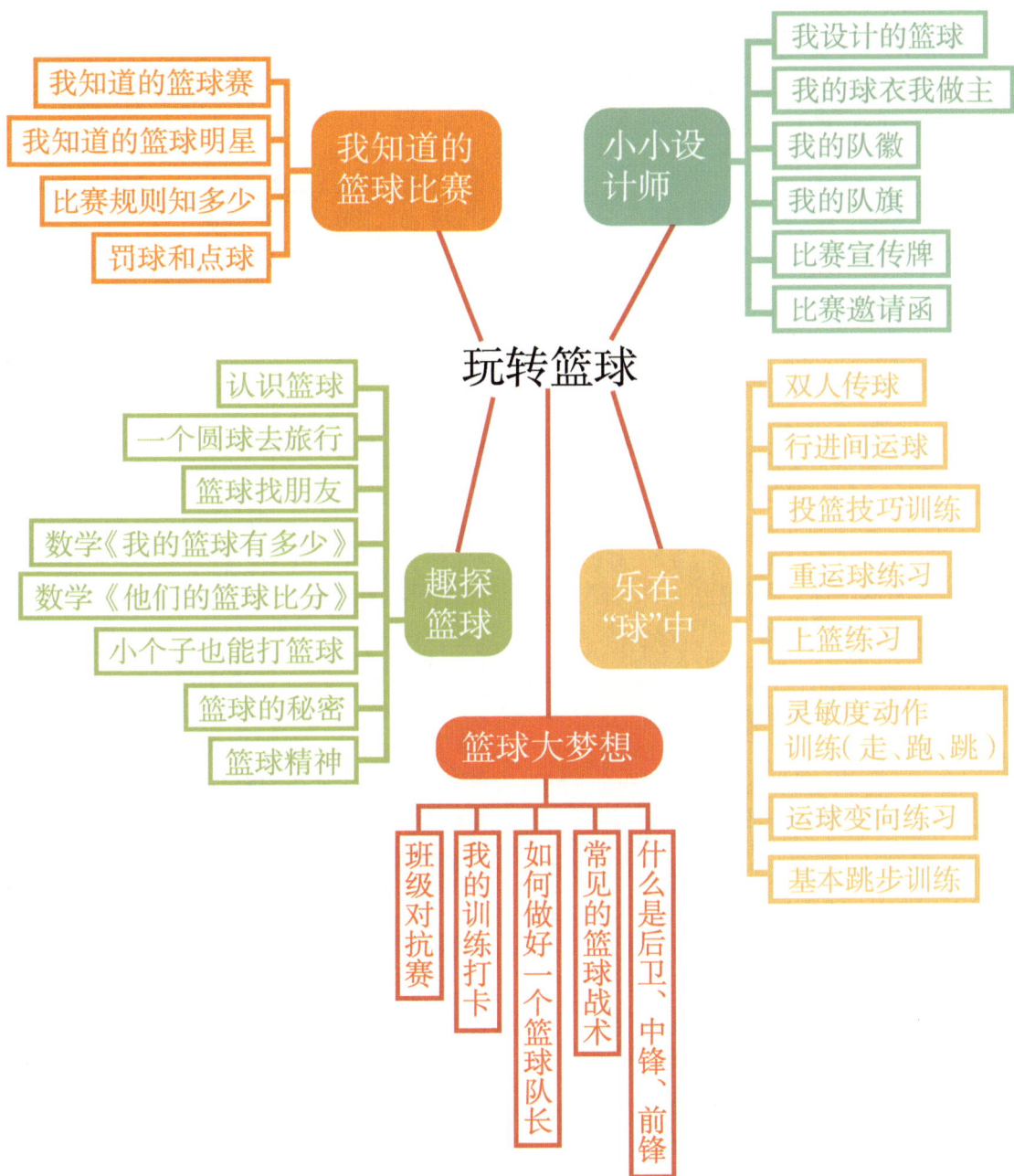

项目框架

我知道的篮球赛
我知道的篮球明星
比赛规则知多少
罚球和点球
我知道的篮球比赛

小小设计师
我设计的篮球
我的球衣我做主
我的队徽
我的队旗
比赛宣传牌
比赛邀请函

认识篮球
一个圆球去旅行
篮球找朋友
数学《我的篮球有多少》
数学《他们的篮球比分》
小个子也能打篮球
篮球的秘密
篮球精神
趣探篮球

玩转篮球

乐在"球"中
双人传球
行进间运球
投篮技巧训练
重运球练习
上篮练习
灵敏度动作训练（走、跑、跳）
运球变向练习
基本跳步训练

篮球大梦想
班级对抗赛
我的训练打卡
如何做好一个篮球队长
常见的篮球战术
什么是后卫、中锋、前锋

项目实施计划

在设计实施活动时，通过游戏、故事等趣味性元素，可以有效地吸引幼儿的注意力，提高他们的学习兴趣。游戏是幼儿最喜欢的活动之一，它可以激发幼儿的好奇心、探索欲望和创造力。在游戏中，幼儿可以通过实践和体验，学习新知识和发展新技能。如表所示。

实施阶段	具体活动
第一阶段：我知道的篮球比赛	谈话活动：什么是篮球比赛？ 谈话活动：篮球比赛如何开展？ 调查活动：我知道的篮球比赛
第二阶段：小篮球大梦想	谈话活动：小小篮球队 实践活动：篮球比赛 谈话活动：班级篮球日 记录活动：我的篮球日记
第三阶段：乐在"球"中	谈话活动：如何完成一场比赛 户外活动：双人传球 户外活动：行进间运球 实践活动：班级对抗赛 记录动：我看到的篮球比赛
第四阶段：小小设计师	谈话活动：开展一场篮球比赛需要什么？ 美术活动：我的球衣我做主 实践活动：篮球场的大小 美术活动：我的篮球鞋 记录活动：我的篮球计划
第五阶段：趣探篮球	谈话活动：我知道的篮球明星 阅读活动：一个篮球的旅行 探究活动：篮球是如何制作的？ 谈话活动：篮球精神 探究活动：如何记录篮球比分 美术活动：篮球比赛邀请函 记录活动：今天的篮球比赛

典型活动

活动一：小小篮球队

语言

活动目标

1. 成立班级篮球队。
2. 提高幼儿的自主合作意识。

活动准备

贴纸、PPT。

活动过程

一、导入

师：小朋友们，我们要成立班级篮球队了，哪些小朋友们想竞选队长，请举手？

二、竞选队长

师：请想竞选队长的小朋友到前面来，并说一说你为什么想做队长？

师：我会给每一位小朋友一张贴纸，你想要选谁做队长你就把贴纸贴在他手里。票数最多的 5 名小朋友，他们就是我们球队的队长。

小结：队长竞选，小朋友们自主投票，依次投出。

三、成立班级篮球队

师：请刚才票数最多的 5 位小朋友站在前面来，让我们用最热烈的掌声恭喜他们成为我们篮球队的队长。现在请小朋友们去选择你喜欢的队长并站在他的身后。请注意，每一个队伍最多只能有 8 个小朋友，如果一个队伍已经有 8 位小朋友了，那么其他小朋友必须要去选择另外的队伍。

师：恭喜我们大六班的小朋友们成立了五支班级篮球队。

四、讨论队名

师：队长带着队员确定队名，队长介绍自己队的队名和意义。

活动反思

在正式确定我们的项目课程之后，我们针对遇到的问题开展讨论：

1. 班上幼儿很多；

2.参加篮球比赛需要很多的训练。这些问题需要怎么解决？

幼儿针对这两个问题说了一些解决方法，例如选小老师、小组长、参加选拔等。关于班级人数较多怎么打比赛的问题，有幼儿说分组，等一些人打完了另一些再打。经过讨论，我们最后将幼儿分成五组，然后查阅了篮球的相关规则，决定将"组"改成"队"，组长改为队长。

通过自主投票，幼儿先确定了篮球队的两名队长，然后自主选择想要加入的篮球队。每一支球队组建成功后，他们一起讨论出球队的名称，每一支球队名称的背后，都有幼儿的用意。

活动实录图

美术

活动二：设计队徽

活动目标

1.了解队徽的作用，设计出篮球队的队徽。
2.发挥想象，激发幼儿的创作能力。

活动准备

各种篮球队徽及各种徽章图片，卡纸、彩色马克笔。

活动过程

一、导入：观看各种徽章

师：小朋友们，老师今天给小朋友带来了几张图片，小朋友们看看它像什么？

二、了解徽章

师：我们的队徽是队伍非常重要的标志，它象征着每个篮球队的特色，所以我们在设计的时候要多想象，要有突出的重点。

三、设计队徽

师：小朋友们，刚才我们看到了这么多的队徽，那如果你们是设计师，会怎么设计我们篮球队的队徽？请注意，在设计的时候一定要有队伍的名字。

幼儿作画。

随机请幼儿说说他的设计想法，票选出每个队伍的队徽。

活动反思

在活动中，老师发现部分幼儿不清楚怎么设计队徽或者画出来的队徽没有特色。于是教师鼓励幼儿多思考，并且让幼儿想象自己是设计师，激发他们的创造力。教师在活动中要善于总结和反思，针对幼儿的具体问题进行分析，并且及时给出解决和引导的方法，帮助幼儿养成深入思考的习惯。

活动实录图

活动三：第一次小篮球比赛 实践

活动目标

1. 初步感受幼儿 3V3 篮球比赛。
2. 体验团队合作的乐趣。

活动准备

口哨、音响、记分牌、椅子。

活动过程

一、热身

跟随音乐活动四肢。

二、分组、讲解比赛规则

1. 按照班级篮球队分成五组，队长抽签确定顺序。
2. 老师（裁判）讲解比赛规则及赛前礼仪。
3. 比赛两小节，一小节 5 分钟，中场休息一分钟。

三、比赛开始

1. 1 组 VS 2 组，剩下的小朋友围坐在篮球场四周。
2. 介绍运动员、运动员互相致意、运动员互相加油、运动员向观众致意。
3. 3 组 VS 4 组、1 组 VS 5 组，依次进行比赛，保证每组都参与到。

四、比赛结束

1. 跟随音乐放松四肢。
2. 讨论在刚才的比赛过程中自己的感受。

活动反思

第一次篮球比赛之后，在进行赛后总结讨论的时候，每一个小朋友都在积极表达自己的想法，他们对于篮球又产生了新的兴趣。从小朋友们的讨论中，我们发现他们对篮球比赛并不了解。我们班利用周末的时间开展了亲子问卷调查，并通过投票和讨论，决定将每周星期五定为我们的班级篮球对抗赛日，以幼儿的兴趣点为出发点，以实践和探索为主设计活动，让他们真正地感受篮球带给他们的快乐。

活动实录图

活动四：设计球衣 美术

活动目标

1.能够理解球衣设计的基本概念和意义。
2.掌握绘制简单图案的基本技能。
3.培养幼儿的创意思维和审美能力。

活动过程

一、介绍球衣设计的基本概念和意义

师：球衣设计是一项很重要的工作，它不仅能让运动员在比赛中穿上漂亮的球衣，还能展现球队的形象和精神风貌。在我们日常生活中，我们也可以设计属于自己的球衣，通过球衣的设计来展现自我风采和审美能力。

二、示范绘制简单图案的步骤和技巧

师：在绘制图案之前，我们需要准备一些工具和材料，包括纸笔、颜色笔和模板。步骤如下：

1.选择一个简单的图案，例如心形、星星等。
2.使用铅笔在纸上轻轻地勾勒出图案的形状和轮廓。
3.使用颜色笔填充图案，可以使用单一颜色或多种颜色。
4.最后，用黑色笔勾勒出图案的外围，让图案更加清晰。
5.引导幼儿自由发挥创意，设计自己的球衣图案。

师：现在，让我们设计自己的衣服图案吧！首先，我们可以想一些和体育运动有关的元素，例如运动员、球和奖杯等。然后，我们可以将这些元素组合成一个有意义和独特的图案。最后，让我们用彩色笔展现出自己的创意。

三、评价和展示作品

师：在完成设计之后，我们可以组织一次作品评价和展示活动。我们可以将所有小朋友的球衣图案展示出来，让大家一起欣赏。同时，我们还可以评选出最佳作品并为获奖者颁发证书。

活动反思

在活动中，老师发现部分幼儿不知道怎么画，画出来的球衣没有特

色。老师再次引导幼儿思考问题，鼓励幼儿积极思考，通过问题引导，例如"根据相关元素设计球衣""将元素组合成有意义的图案"等问题，引发幼儿深入思考，解决游戏中幼儿没有及时观察和记录下来的问题。教师在探究活动中要善于总结和反思，针对幼儿探究情况及时小结，引导幼儿思考，推进探究活动的进行。

活动实录图

活动五：原地换位拍球

活动目标

1.幼儿在熟练进行单手拍单球的基础上，练习换位拍球。

2.鼓励幼儿大胆尝试各种拍球的方法，提高他们的创造性。

3.通过拍球，激发幼儿喜欢参与体育活动的欲望，增强幼儿的合作意识。

活动准备

篮球若干。

活动过程

一、导入

1.幼儿呈一路纵队进入操场，并绕操场跑步一圈。

2.幼儿抱球呈六路纵队站立，做准备运动（球操）。

二、幼儿练习原位拍球

幼儿站在固定位置上单手拍单球。

三、学习换位拍球，尝试花样拍球

1.两位老师示范换位拍球。

提要求：

（1）两人前后站位；

（2）前面一人原地连续拍球10下以后快速从左侧后退；

（3）前面一人后退时，后面一人快速从右侧上前，接着拍球，交接时球不能停顿。

2.幼儿自由练习。

3.幼儿集中，教师小结练习情况，并再次强调换位拍球要领。

4.幼儿根据提示再次练习。

5.幼儿集中，根据幼儿练习情况，分别邀请幼儿上前演示。

师：刚刚我们学习了换位拍球，现在请小朋友用手中的球进行各种变化拍球，可自己进行，也可和同伴合作。

幼儿自由进行花样拍球，教师及时给予肯定与鼓励。

四、运球走（跑）

1. 引导幼儿跟着老师运球走（或跑，根据本班幼儿实际情况而定）。
2. 拍球走到操场边，将球放下准备下一游戏。

五、奔跑游戏：追球跑

两位老师在操场上随意传球并运球快速跑，幼儿追赶老师并设法拍到老师手上的篮球。幼儿拍到球后游戏结束。

活动反思

幼儿在进行赛后总结的时候总是在七嘴八舌地说："我投不进去球""我的球会被别人抢"……因此幼儿根据自己的情况，每人制定了一份篮球计划。计划里面有"我要多练习投篮""我要练习传球"等训练项目。本次活动原地换位拍球是幼儿制定的篮球计划中的一项，幼儿都认真完成了自己的训练项目。

活动实录图

课程评价

课程评价有利于教师反思总结，实现专业发展，同时也是落实幼儿健康和谐发展目标，让幼儿的发展得到持续的关注与推动，让课程成效更加显著。依据"善表达、巧创意、健体魄、喜探索、好交往"的项目目标，设置了以下评价表。

评价维度	评价目标	评价任务	评价标准	评价方式
善表达	1.能用语言、文字或者符号记录并表达自己的想法 2.能够分享自己的猜测并较为连贯的表达	1.通过语言、文字等方式记录每一次活动 2.通过调查问卷了解篮球相关知识并说出大致内容	★★★：通过调查问卷了解篮球赛事并能分享 ★★：能记录每一次活动，但是表现形式比较单一 ★：完全不了解幼儿篮球比赛	1.观察评价 2.儿童行为参与观察表
巧创意	1.通过设计球衣、队徽等感知材质、颜色、搭配和文字的美 2.欣赏各式各样的球衣、球鞋等，愿意和同伴分享感受 3.能认真思考，大胆想象，设计出具有美感和特色的球衣、队徽等	1.设计不同的球衣、队徽，欣赏不同设计的美 2.能够在设计过程中呈现出独特性和美感的创作内容	★★★：能够欣赏不同球衣、队徽的美且设计出独特性和美感的球衣、队徽 ★★：对于多种球衣、队徽的美感受较弱，设计出的内容创意性不够 ★：对于多种球衣、队徽的设计观察较浅，创意设计较少	1.观察评价 2.儿童行为参与观察表
喜探索	1.观察篮球特征，探索熟悉篮球规则，开展篮球比赛 2.发现问题，并能积极想办法解决	1.对于与篮球相关的问题有强烈的好奇心与探索欲 2.开展篮球比赛，并将遇到的问题记录下来，找到方法解决	★★★：在活动中知道篮球的制作流程，知道篮球具有弹力 ★★：大概知道篮球的原材料 ★：对于制作篮球的原材料不太了解，对于篮球为何弹起来不熟悉	1.观察评价 2.儿童行为参与表
健体魄	1.通过游戏活动等发展幼儿的拍球、投球等动作技能 2.发展幼儿的身体协调能力，养成爱运动的好习惯，对自己动作技能的进步感到自豪	1.通过游戏活动等锻炼动作技能 2.发展身体协调能力，养成运动的好习惯，对动作技能的进步感到自豪	★★★：拍球、行径间运球的动作技能掌握比较好 ★★：投球、传球时会不断掉球，懂得团队合作的意识 ★：对于比赛的意识较薄弱	1.观察评价 2.幼儿行为参与表

（本课指导老师：何颖、朱萌、黄铁军）